Tourenführer Naturlandschaft Norwegen

Verlag Styria

Allgemeine Hinweise:

Der **Führer** enthält für jede Tour eine maßstabgerechte Karten-skizze, Gehzeiten, Höhenangaben und eine Beschreibung des Wegverlaufes. Diese Beschreibung ist bei eindeutigem Verlauf kurz, sonst etwas länger. Gehzeiten sind für durchschnittliche Geher angegeben. Die angeführten Zeiten sind Aufstiegszeiten; nur bei Rundtouren ist die Gesamtgehzeit angegeben. Rechts und links sind immer in Gehrichtung zu verstehen.

Verwendete Abkürzungen:

O   (Osten),
W   (Westen),
N   (Norden),
S   (Süden),
li. (links),
re. (rechts).

Tips für Radfahrer in den einzelnen Regionen sind ohne Touren-nummer angefügt. Mautstraßen sind meist Naturstraßen.

Für einige Gebiete Norwegens gibt es **Wanderkarten** im Maßstab 1:80.000 bis 1:100.000 (s. S. 34 des Buches). Die Namen dieser Wanderkarten sind an erster Stelle angegeben. Die Angabe der **topographischen Karten** im Maßstab 1:50.000 erfolgt durch eine vierstellige Zahl, eine römische Ziffer und den Namen.

Die erste Zeile jeder Tourenbeschreibung gibt einen Hinweis auf die Schwierigkeit, die Gehzeit (Std.) und die Gesamthöhendifferenz (Hm).

Die **Schwierigkeit** wird nach folgenden Gesichtspunkten beurteilt:

1. Wanderungen: leichtes Gelände mit maximal 700 m Höhenunter-schied, meist gut markiert.

2. Bergtouren: alpines, stellenweise felsiges Gelände, Block- und Schneefelder; oft gute Kondition und Orientierungssinn nötig.

Die Angabe des Schwierigkeitsgrades folgt der im alpinen Raum üblichen Bewertung.

1. Besuch der Museumsinsel Bygdøy

2. Prekestolen

Leichte Wanderung; 1³/₄ Std.; 400 Hm; Karte: 1212 I Høle.

Zufahrt: Von Sandnes (südl. von Stavanger) auf Straße Nr. 13 gegen Jørpeland. 4 km vor dem Ort, bei Jössang re. (O) Abzweigung „Prekestolen". Nach 4 km Parkplatz ($^1/_2$ km oberhalb der Prekestolhytta).

Wegverlauf: Vom oberen Ende des Parkplatzes (ca. 310 m) auf breitem, gebautem Weg, fast eben, dann durch kurze steile Rinne zu Felsplateau mit Seen. Bei Weggabelung (beschildert) re. (O) gut markiert zur Abbruchkante über dem Lysefjorden und dieser kurz entlang zum Prekestolen.

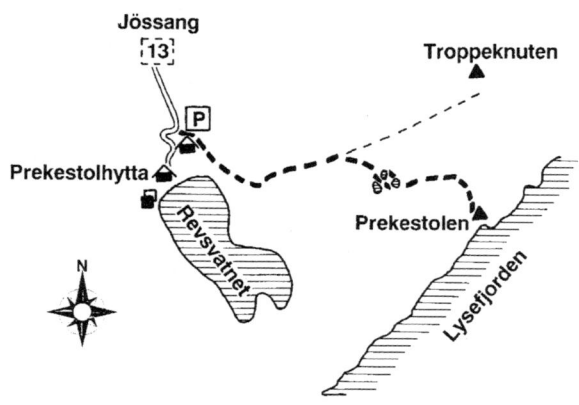

3. Svarvanuten

Leichte Bergtour; 2^1/$_2$ Std.; 710 Hm;
Karten: Sirdal-Setesdalsheiene, 1413 II Valle.

Zufahrt: Von Kristiansand auf Straße Nr. 12 oder von Stavanger auf Straße Nr. 39 ins Setesdal. Ca. 2 km südl. von Valle bei Hallandsbru Fluß Otra auf Brücke überqueren und Straßenserpentinen 3 km hinauf zu den Höfen von Berg. Bei Straßengabelung nach letztem Hof Schild „Bossbu" folgen. Auf Mautstraße 1,4 km zu kleinem Parkplatz.

Wegverlauf: Vom Parkplatz (ca. 670 m) der Straße 50 m weiter folgen, bis in Linkskurve markierter Weg abzweigt. Ca. ^{1}/$_2$ Std. fast eben auf der rechten (N) Talseite. Vor dem felsigen „Querberg" Tverfjellet Bach überqueren und auf die südl. Talseite. Vorbei an Ferienhütte und zum Abfluß des Sees Rennevatnet aufsteigen. Seeabfluß nochmals überqueren und am südseitigen Seeufer zur unbewirtschafteten Stavskarhytta (994 m).

Über Talstufe hinter Hütte aufwärts, dann scharf li. (W). Den Zufluß des Sees überqueren und Bach kurz folgen. Bevor der markierte Weg zur Hütte Bossbu den Bach das zweitemal quert, li. (S) abzweigen. Auf Pfadspuren unmarkiert über flachen NW-Rücken zum Gipfel (1377 m).

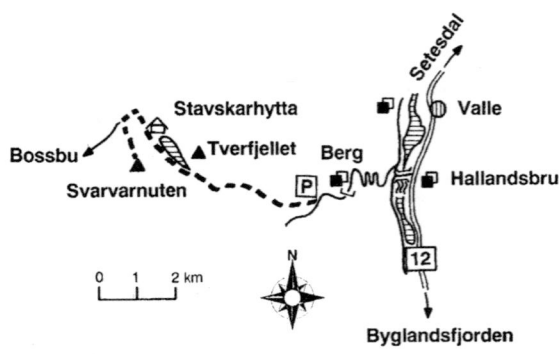

4. Gaustatoppen

Leichte Wanderung; 2 Std.; 660 Hm;
Karten: Hardangervidda øst, 1614 IV Rjukan.

Zufahrt: Von Kongsberg oder Amot auf Straße Nr. 37 nach Rjukan. Am östl. Ortsrand der Straße nach Sauland (Schild „Gaustatoppen") folgen. In steilen Serpentinen den südl. Talhang aufwärts. Wo Gelände flacher wird (ca. 1000 m), zweigt re. (W) steilerer, längerer Weg zum Gipfel ab (Variante). Für Normalweg Straße bis zum großen Parkplatz Stavsrobua mit Kiosk (ca. 1220 m) knapp unter Paßhöhe über dem See Heddersvatnet folgen.

Wegverlauf: Breitem, markiertem Weg nordwestl. folgen. Zunächst fast eben, dann teils gebauter Weg durch Blockwerk und Gesteinsschutt hinauf zur Gaustahytta (1840 m) und Gipfel (1883 m). Sehr exponierter Gipfel, warme Kleidung und Windschutz!

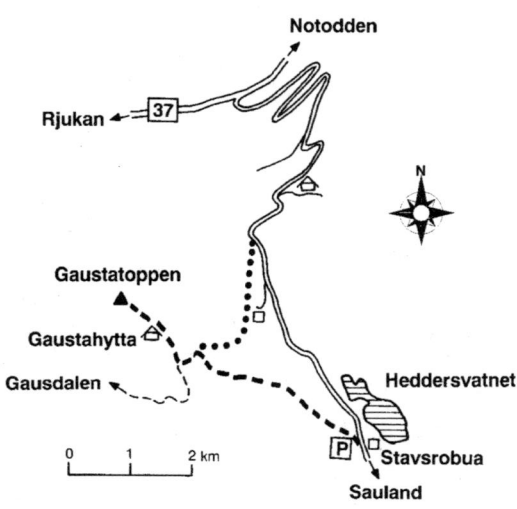

5. Lågen

Leichte Rundwanderung; $^1/_2$ Std. (gesamt); ca. 80 Hm;
Karten: beschilderter Naturlehrpfad, 1813 IV Holmestrand.

Zufahrt: Von Larvik auf der Straße Nr. 40 ca. 50 km Richtung Kongsberg. Nach Svarstad überquert Straße den Fluß Lågen. Unmittelbar nach der Brücke ist re. ein Parkplatz mit Informationstafel.

Wegverlauf: Vom Parkplatz Schild „Natursti Brufoss" auf Nebenstraße 2 min zum Campingplatz Brufoss folgen. Li. (Flußseite) hinter Campingplatz beginnt bezeichneter Naturlehrpfad.

6. Jonsknuten

Leichte Wanderung; $^1/_2$ Std.; 180 Hm;
Karten: 1714 II Kongsberg und 1714 III Notodden.

Zufahrt: Von Kongsberg 8 km Straße Nr. 11 Richtung Notodden, bis re. (N) Straße zu Silberbergwerk (Sølvgruvene) abzweigt. Nach $^1/_2$ km Straßengabelung: re. zum Parkplatz beim Silberbergwerk, li. schmale Straße (Schild) zur Knutehytta (ca. 720 m).

Wegverlauf: Von Knutehytta Fahrstraße (Fahrverbot) 10 min zum Fuß der Seilbahn (nur für Senderpersonal) folgen. Hier beginnt ein vielbegangener Weg steil hinauf zum Jonsknuten.

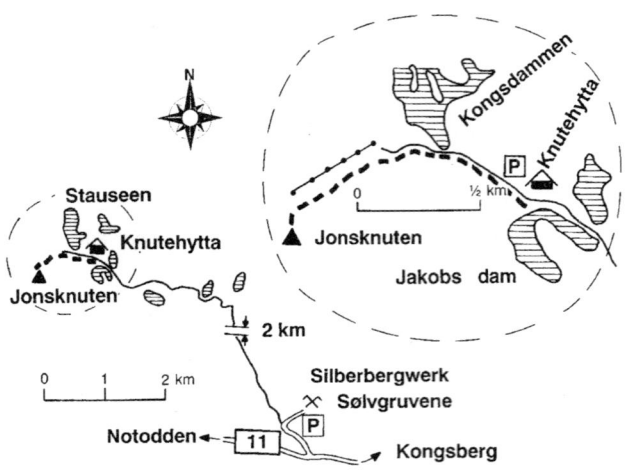

7. Andersnatten

Leichte Wanderung; 1 Std.; 320 Hm; Karte: 1715 III Eggedal.

Zufahrt: Von Kongsberg oder Drammen zur Straße Nr. 287 im Eggedal. Von S kommend ca. $^1/_2$ km nach dem nördl. Ende des Sees Soneren bei Båsheim Straßengabelung. Hauptstraße quert auf Brücke den Fluß Simoa; wir bleiben li. (westl. Talseite). Nach $1^1/_2$ km zweigt re. (W) Mautstraße ab (Schild „Andersnatten"). Nach 3 km bei Straßengabelung wieder re. zu kleinem Parkplatz (0,3 km) am See Andersnattentjern (414 m).

Wegverlauf: Neben Klohäuschen Schild „Andersnatten". Mit roten Pfeilen deutlich markierter Weg führt am Ufer des Sees entlang und streckenweise über flache Felsplatten den Rücken aufwärts. Nach ca. $^1/_2$ Std. Weggabelung: Li. beschildert „Nedersvegen", re., im rechten Winkel gegen SO umbiegend, Weg zur felsigen Kuppe des Gipfels (733 m).

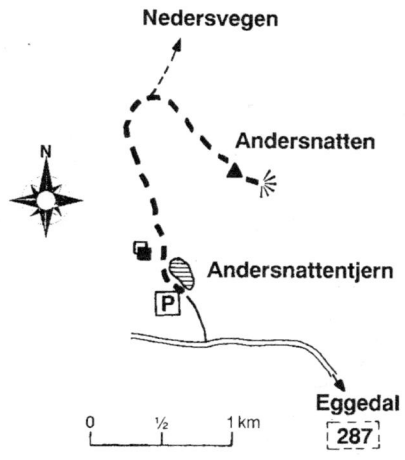

Tips für Radfahrer – Südnorwegen

Der Nordsjøvegen, Straße Nr. 44, führt an der SW-Küste von Flekkefjord über Egersund nach Sandnes. Südliche Streckenabschnitte sind verkehrsärmer. Der Ryfylkevegen, Straße Nr. 13, schließt nördlich an. Panoramastraße mit mäßigem Verkehr.

Straße Nr. 12 durch das Setesdal bei Valle (vgl. Tour Nr. 3) und Straße Nr. 287 (vgl. Tour Nr. 7) im Eggedal beim See Soneren (N von Kongsberg) sind verkehrsarm. Straße Nr. 39 vom Westende des Lysefjorden nach Valle bietet im zentralen Teil Hochflächen-überquerung in rund 1000 m Höhe.

8. Hardangervidda – Allgemeines

9. Kalhovd

Mårsbrotet: *Leichte Wanderung; 1 Std.; ca. 240 Hm;*
Mårbu: *leichte Bergtour: 6 Std.; ca. 340 Hm;*
Karten: Hardangervidda øst, 1515 II Kalhovd.

Zufahrt: Straße Nr. 37 von Kongsberg oder Rjukan nach Atrå am NW-Zipfel des Sees Tinnsjø. Beschilderter Straße 33 km zur Hütte Kalhovd folgen. Nach ca. 15 km schmale, mautpflichtige Natur-straße.

Wegbeschreibung: Hinter Hütte Kalhovd (ca. 1100 m) beginnt T-markierter Weg zur Hütte Mårbu. Nordwestl. über Bergrücken hinauf und in 1 Std. auf den breiten Bergkamm des Mårsbrotet (1340 m), der den See Mår östl. begrenzt. Mit 2 Ab- und Anstiegen, teils moorig, zur Hütte Mårbu am NO-Zipfel des Sees Mår, 5 Std. Von ca. 1. 7. bis 15. 8. Rückkehr mit Boot über den See und Auto-bus zur Hütte Kalhovd möglich (Fahrzeiten in Hütte erfragen).

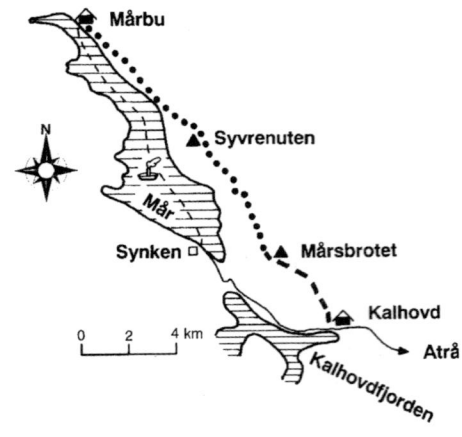

10. Sedalsbrotet

Leichte Wanderung; 2 Std.; 300 Hm;
Karten: Hardangervidda øst, 1615 III Tessungdalen.

Zufahrt: Von Kongsberg oder Rjukan auf Straße Nr. 37 zum See Tinnsjø. Vom NO-Ende des Sees der Straße nach Austbygdi ins Tessungdalen folgen. Nach 17 km re. (N) Mautstraße Richtung Bjørkeflåta im Uvdal. Mautstraße führt Talhang aufwärts zum höchsten Punkt (1175 m) und leicht fallend zum See Sønstevatn (1060 m). Straße verläuft ca. 3 km am SO-Ufer des Sees und biegt dann im rechten Winkel nach N. Bei dieser Kehre T-Markierung und Hinweisschild „Lufsjå 18". Wenig später kleiner Parkplatz.

Wegverlauf: Vom Parkplatz (ca. 1065 m) markiertem Weg südöstl. leicht ansteigend in Richtung Selbstversorgerhütte Lufsjå (18 km, 6 Std.) folgen. Nach ca. $1^1/_4$ Std. rechts (W) kleiner See, links (O) der See Sedalstjørnan (ca. 1246 m). Markierten Weg verlassen, Steig am Nordufer des Sedalstjørnan kurz folgen und weglos zum Gipfel des Sedalsbrotet (1360 m, Steinmann, $^3/_4$ Std.) im N des Sees.

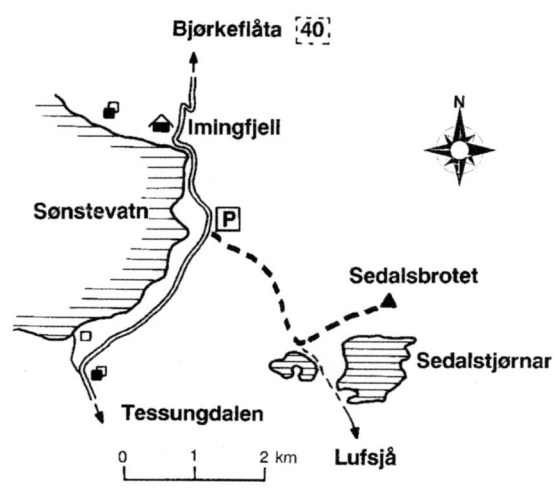

11. Vøringsfossen

Leichte Kurzwanderungen zu Aussichtspunkten; 5 bis 30 min; Karten: Hardangervidda vest, 1415 IV Eidfjord.

Zufahrt: a) Von Eidfjord 18 km auf Straße Nr. 7 zum Hotel Fossli; **b)** zum Kafé Vøringsfoss und **c)** zum Parkplatz am bergseitigen Ende des Tunnels Måbøtunnelen an Straße Nr. 7.

Wegbeschreibung: a) Vom Parkplatz beim Hotel Fossli 5 min zu Aussichtsplatz über Måbødalen und Vøringsfossen.

b) Vom Parkplatz beim Kafé Vøringsfoss an Straße Nr. 7 in 5 min zu Aussichtsplatz.

c) Vom Parkplatz oberhalb des Måbøtunnelen dem Wegweiser „Vøringsfossen" folgen; kurz alte Straße, dann Weg hinunter ins Måbødalen, Wildbach auf Hängebrücke überqueren und zu Aussichtsplatz vor Wasserfall ($^1/_2$ Std.).

12. Viveli

Leichte Wanderung; 2 Std.; 300 Hm;
Karten: Hardangervidda vest, 1415 IV Eidfjord.

Zufahrt: Von Eidfjord auf Straße Nr. 7 ca. 6 km nach Sæbø. Ins Hjølmodalen abzweigen und in Serpentinen auf schmaler Straße zu Parkplatz mit Info-Tafel für Hardangervidda-Nationalpark.
Wegverlauf: Vom Parkplatz (ca. 640 m) über Holzbrücke T-markiertem Weg und Schildern „Hedlo" und „Valurfossen" folgen. Nach ca. 20 min bei Ferienhütte Weggabelung. Re. (Hinweisschild) zu Aussichtsplatz über Valurfossen und weiter zu Einmündung in Normalweg. Li. („Viveli" auf Stein) führt Normalweg zur Hütte Viveli (880 m). (Für Hin- und Rückweg je eine Variante wählen!) Zunächst leicht ansteigend, dann absteigend zu den freien Almflächen bei Viveli. Am Beginn der freien Hochfläche Weggabelung: re. (W) mit Pflöcken markiert über sumpfige Wiese zu Brücke über Fluß Veig und Hütte Viveli. Günstiger und trockener auf markiertem Steig li. (O) des Flusses bleiben und Brücke im S der Alm benützen. (Hütte Hedlo 1$^1/_2$ Std. ab Viveli.) Skizze s. S. 10.

13. Husedalen

Leichte Bergtour; 2$^1/_2$ Std.; 800 Hm;
Karten: Hardangervidda vest, 1315 I Ullensvang.

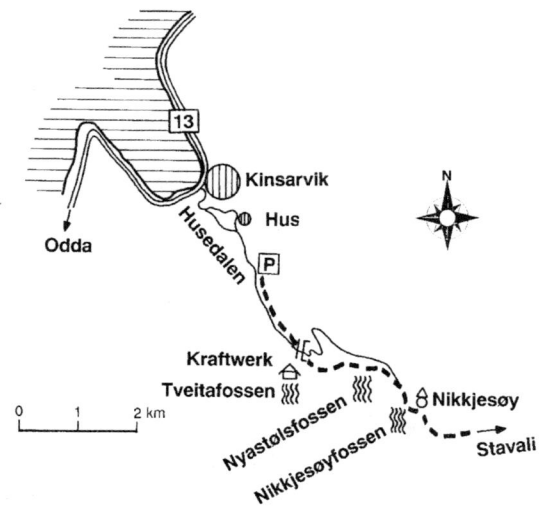

Zufahrt: Von Kinsarvik am Sørfjorden (Straße Nr. 13) Wegweiser „Hus" folgen. Bei Straßengabelung re. bis zu großem Parkplatz nach 2,5 km. Weiterfahrt 1,5 km bis Schranken bei Kraftwerk Kinsarvik möglich, aber kaum Parkplatz.

Wegverlauf: Vom Parkplatz (ca. 100 m) 20 min zum Kraftwerk Kinsarvik (160 m) und auf Fahrweg oder markiertem Weg $1^1/_2$ Std. zur Alm Nykkjesøy (600 m). Auf T-markiertem Weg in 1 Std. zur Hochfläche (weitere $3^1/_4$ Std. zur Hütte Stavali, 1024 m).

14. Reinsnosvatnet

Leichte Wanderung; $^3/_4$ Std.; 100 Hm;
Karten: Hardangervidda vest, 1314 I Røldal.

Zufahrt: Von Straße Nr. 13 ca. 18 km südl. von Odda östl. hinauf („Reinsnos"). Nach ca. 8 km großer Parkplatz am W-Ufer des Sees Reinsnosvatnet.

Wegverlauf: Vom Parkplatz westl. roten „T" an Kiefern und auf flachen Felsplatten folgen. Steig wendet sich gegen SW vorbei an einigen Ferienhütten zum Seeabfluß, $^1/_4$ Std. Seeabfluß auf Steg überqueren und li. am Seeufer halten. Einige moorige Passagen bis zu Hütten (Sanden, $^1/_4$ Std.). Bei älterer Hütte, erkennbar am steilen Dach, nicht dem markierten Weg (verwachsen!), der re. abzweigt, folgen, sondern an der alten Hütte vorbei, Steg überschreiten und Steig südl. steil hinauf in kleinen Sattel. Li. an winzigem See vorbei zu Aussichtskuppe (700 m) über See Reinsnosvatnet ($^1/_2$ Std.).

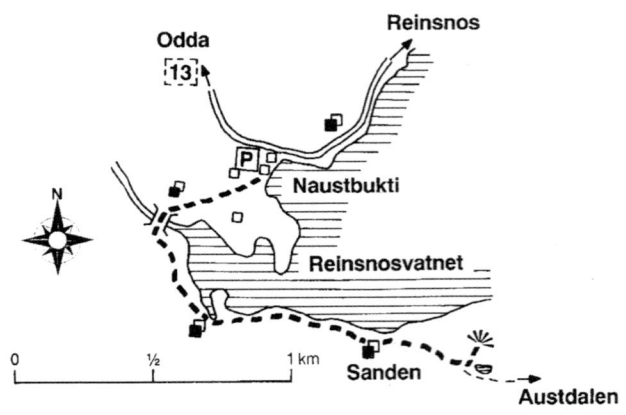

12

15. Nasafjellet

Leichte Bergtour; 2 Std.; 760 Hm;
Karten: Hardangervidda vest, 1314 I Røldal.

Zufahrt: Wie bei Tour Nr. 14 zum See Reinsnosvatnet und über Nordufer des Sees zu winzigem Parkplatz am Ostufer in Reinsnos vor auffallend gebändertem Felsblock (ca. 615 m). Hier Straßengabelung: li. gesperrtem Fahrweg hinauf zum obersten Hof folgen.

Wegverlauf: Wegverlauf ist vom Hof einzusehen, *folgende Groborientierung empfehlenswert:* Im NO erblickt man unter einigen runden Felsbuckeln eine Kuppe, die bis zum Gipfel eine Vegetationsdecke trägt. Re. davon der höchste Punkt ist das Nasafjellet. Li. davon kleine Felsspitze; unter ihr leitet Weg durch deutlich sichtbare kurze, grasige Rinne zum Plateau.

Hinter höchstgelegenem Wirtschaftsgebäude des Hofes durch das Weidegatter und wenige Meter re. (O) Weidezaun folgen, bis li. hinauf nicht markierter Weg abzweigt. Durch Birkenwald (ausgeschlagener Schafsteig) erst nördl., dann nordwestl. aufwärts. Bald baumloses Fjell. Auf Vorplateau quert Weg fast eben gegen O in Richtung einer Kuppe mit Steinmann. Hier viele Schafsteige; immer am seeseitigen Hang bleiben. Vor sich sieht man Felsspitz, der von schräggestellten Steinplatten gebildet wird. Unter ihm steil, aber unschwierig durch eine wenige Meter hohe Felsstufe. Vom Felsspitz auf breitem Rücken zum höchsten Punkt des Nasafjellet (1371 m).

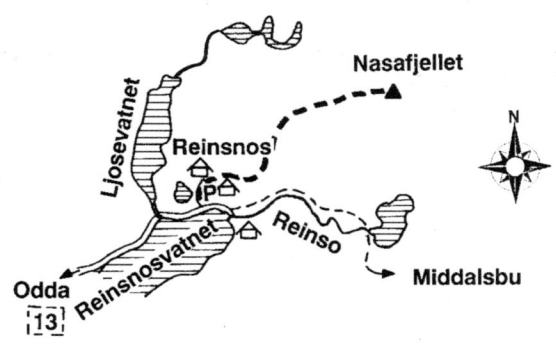

Tips für Radfahrer – Hardangervidda

Von Straße Nr. 7 zweigt auf dem Hochplateau der Hardangervidda bei Tråastølen Mautstraße zur Hütte Trondsbu ab. Von Straße Nr. 11 führt vor der östl. Einfahrt ins Haukeli-Tunnel alte Straße über Dyrskarpaß und durch das Dyrskar. Am SO-Rand der Hardangervidda ist von Kongsberg der See Tinnsjø erreichbar. Straße Nr. 37 am Westufer sehr lohnend.

Ein Radweg (Rallarvegen) verläuft parallel zur Bahn 90 km von Myrdal-Vatnahalsen über Hallingskeid und Finse nach Haugastøl. Im Juli und August verkehrt Fahrradzug, den man für Rückfahrt oder Teilstrecken nutzen kann. Bahnstation Finse (Tel. 05/526 730) gibt Auskunft über Streckenzustand.

16. Westfjorde – Allgemeines

17. Feigum-Wasserfall

Leichte Wanderung; $^1/_2$ Std.; 200 Hm;
Karte: Jostedalsbreen.

Zufahrt: Von Skjolden auf Straße Nr. 55 ca. 18 km am Ostufer des Lustrafjorden Richtung Urnes.

Wegverlauf: Am fjordseitigen Ufer der Straße deutlich beschildert Parkplatz für Feigumfossen. Vom Parkplatz ca. 300 m auf Straße Richtung Urnes. Nach Brücke über den Abfluß des Wasserfalles zweigt T-markierter Steig li. hinauf ab. Vorbei an Haus und re. (in Gehrichtung) des Flusses aufsteigen, bis zu Aussichtsplatz am Fuß des Wasserfalles (ca. 200 m).

18. Nosi

Leichte Bergtour; 2 Std.; 800 Hm;
Karten: Hardangervidda vest, 1315 I Ullensvang.

Zufahrt: Auf Straße Nr. 13 am Sørfjorden zum oberhalb des Ortes Lofthus gelegenen Campingplatz Lofthus (beschildert).

Wegverlauf: Gegenüber der Rezeption des Campingplatzes (ca. 100 m) Schild „Nosi". Durch Obstplantagen zum Waldrand, wo Forststraße (mit Schranken gesperrt) beginnt. Straße ca. 100 m folgen, bis rechts (O) hinauf T-markierter Weg abzweigt. Weg trifft wieder auf Straße; ab hier steiler Forststraße oder teils verwachsenem, altem Weg folgen, bis Steig deutlich markiert Straße, die li. gegen N führt, verläßt. Auf altem gebauten Weg südöstl. zum Plateaurand und der Felsnase Nosi (2 Std.). Markierter Weg leitet über Plateau zur Hütte Stavali (insgesamt 9 Std.). Von Nosi Weiterwanderung (unmarkiert) zum oberen Ende des Wasserfalles Opo (20 min) lohnend.

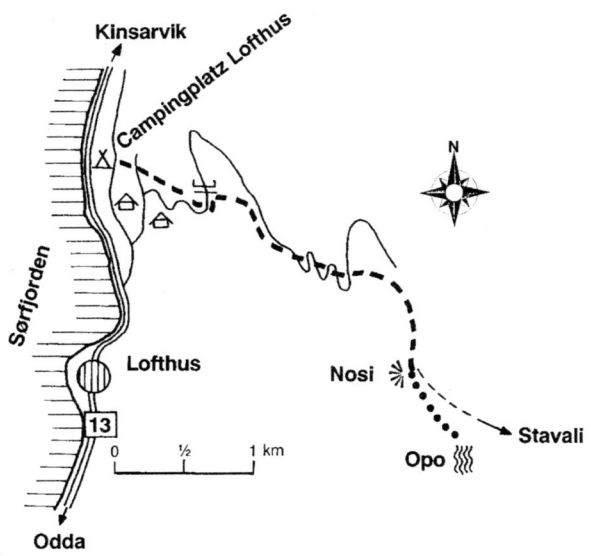

19. Bergen

20. Raudberget

Leichte Wanderung; 2 Std.; 220 Hm;
Karte: 1316 IV Myrkdalen.

Zufahrt: Von Voss oder Vik auf Straße Nr. 13 zum Vikafjell. Nördl. der Paßhöhe (986 m) führt Straße durch auffallende, in den Felsen gesprengte Schlucht. Nördl. der Schlucht zweigt bei Ferienhütten von Skjelingen westl. Schotterstraße ab. Wegweiser „Åsedalen, Selhammar"; Straße ca. 5 km folgen und auf Damm (Box für Straßenerhaltungsgebühr und Fischkartenautomat) kleinen See überqueren; nach Damm re. kleiner Parkplatz. Straße führt weiter zum Staudamm und See Kvilesteinsvatnet.

Wegverlauf: Vom Parkplatz (ca. 920 m) T-markiertem Weg und Wegweiser „Åsedalen, Selhammar" folgen. Nach wenigen min Weggabelung: re. (NO) Åsedalen, li. (SW) Selhammar. Weg Richtung Selhammar sanft ansteigend zu kleiner felsiger Anhöhe folgen. Leicht absteigend zu Hütten Raudbergdalen und re. (W) auf unmarkiertem Steig zum Raudberget (1143 m), 2 Std.

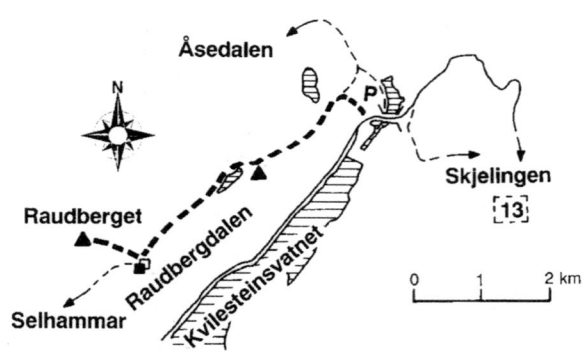

21. Ottadalen

Leichte Wanderungen im Ottadalen; 5 min bis 2 Std.;
Karte: Capp. Mittel-Norwegen I.

Zufahrt: Straße Nr. 15 durch das Ottadalen von Otta nach Grotli.

a) Von Raststätte und Parkplatz **Dønfoss bru** wenige min zum Flußufer.

b) Von Raststätte **Polfoss** einige min hinunter zur Brücke über Otta und Wasserfall Polfossen. Von Brücke am südl. Ufer über Schlucht der Otta 5 min flußaufwärts.

c) Einige 100 m flußaufwärts hinter Skjågseter zweigt von Straße Nr. 15 gegenüber von Ferienhütten ein· schottriger Fahrweg zur Otta ab. Auf diesem beginnt Markierung zur Hütte Skridalaupbu (9 Std.).
Teilwanderung 1–2 Std. lohnend. Zunächst sanft ansteigend, teils moorig, Nebenfluß der Otta folgen. Dann gegen Fjellrücken aufsteigen, der Ottadalen südl. begrenzt.

22. Geiranger

a) Panoramaweg ab Adlerkurve

Leichte Wanderung; $1^1/_4$ Std.; 400 Hm; Karte: 1219 II Geiranger.

Zufahrt: Auf Straße Nr. 63 von Geiranger nördl. zur Adlerkurve (Ørnesvingen).

Wegverlauf: Vom Parkplatz Adlerkurve (ca. 500 m) durch Weidegatter und, oberhalb des felsigen Abbruches zum Fjord, leicht ansteigend queren. Nach ca. $1/_4$ Std. Bach (im Bachbett größerer Steinmann) durchschreiten (bei Hochwasser u. U. nicht möglich). Ab hier teils sehr verwachsenem Weg Richtung des verlassenen Hofes Gomsdalen (ca. 1 Std., 800 m) folgen. Hof selbst ist in kurzem Abstieg zu erreichen.

b) Preikestolen

Leichte Bergtour; 2 Std.; 540 Hm; Karte: 1219 II Geiranger.

Zufahrt: Von Geiranger ca. 2,5 km an SW-Küste des Fjordes nach Homlong (Humlung).

Wegverlauf: Von Homlong (10 m) westl. auf markiertem Weg den zum Fjord abfallenden Hang queren. Nach ca. 2 Std. werden aufgelassene Alm Homlongsetra (544 m) und Felskanzel Prekestolen über dem Fjord erreicht.

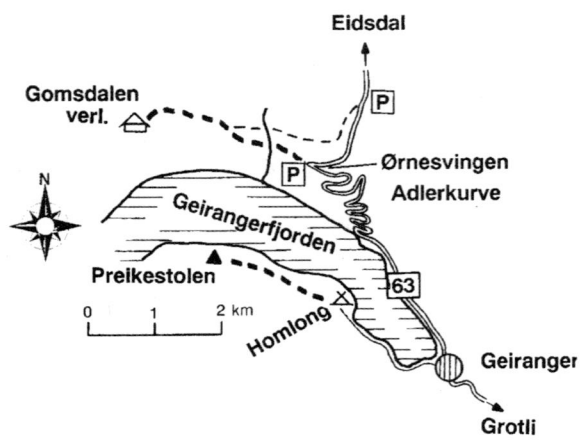

c) Storseterfossen

Leichte Wanderung; $^3/_4$ Std.; 220 Hm; Karte: 1319 III Tafjord.

Zufahrt: Von Geiranger Straße Nr. 63 ca. 2,5 km östl. bis zur Abzweigung Vesterås (Straßenschild), ca. 300 m vor der Straßenbrücke Holebru, folgen.

Wegverlauf: Ab Abzweigung (ca. 280 m) zum Bauernhof Vesterås, Hinweisschilder „Wasserfall" und rote Markierung. Fahrweg durch Wiesen in Richtung des Hofes, dann (teils über rutschige Felsplatten) durch Weidegebiet zum oberen Ende des Wasserfalles zu kleinem grasigen Absatz (ca. 500 m). Re. kurz durch unschwieriges, felsiges Gelände (gesichert) zum Fuß des Falles ($^3/_4$ Std.).

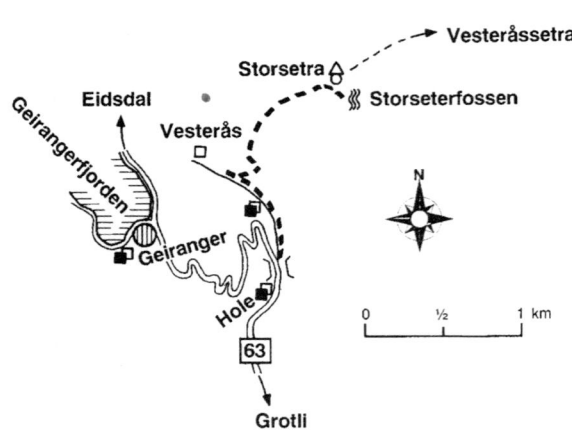

23. Insel Runde

Leichte Wanderung; 2 Std.; 210 Hm;
Karte: Wegskizze in Goksøyr erhältlich.

Zufahrt: Von Ålesund nach Goksøyr auf der Insel Runde.

Wegverlauf: Vom Parkplatz vor Goksøyr 5 min in den Ort. Bei Touristkiosk Wegskizze durch Vogelschutzgebiet erhältlich. Wegweiser „Fuglefjellet" li. (SW) über steile Wiesen zum Plateau und Klippenrand. 2 Wegschleifen (O und W) leiten über Hochplateau meist am Klippenrand (höchster Punkt 220 m) und münden wieder in Anstiegsweg; ca. 2 Std.

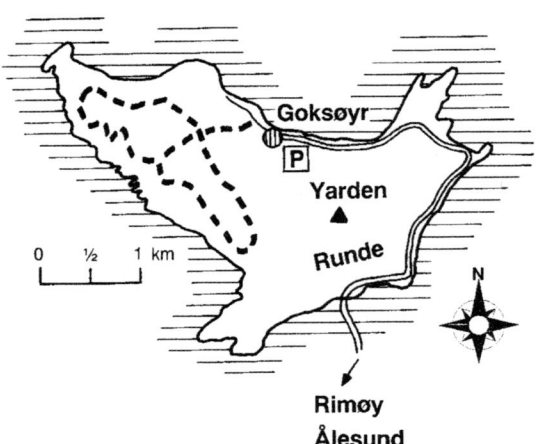

24. Ålesund

Spaziergang über Treppenweg; $^1/_2$ Std.; 180 Hm;
Karte: Stadtplan Ålesund.

Zufahrt: Von Andalsnes auf Straße Nr. 9 ins Stadtzentrum von Ålesund.

Wegverlauf: In Stadtpark beginnt Treppenweg (418 Stufen) auf die 189 m hohe Aksla. Auffahrt zum Höhenrestaurant auch mit Pkw möglich.

Tips für Radfahrer – Westfjorde

Folgende verkehrsarme Strecken am Hardangerfjorden sind zu empfehlen: an der O-Küste von Jondal nach Hesvik und von Løfallstrand nach Eiknes.

Am Sognefjorden sind über Straße Nr. 1 die verkehrsarmen Küstenstraßen von Insterfjord nach Rutledal und von Ytre Oppedal nach Ortnevik erreichbar. Wenig Verkehr haben auch die Strecken von Vik (an Straße Nr. 13) nach Vatnane und von Vangsnes gegen O sowie die Straße an der O-Küste des Lustrafjorden (siehe Tour Nr. 17).

25. Peer-Gynt-Wege

Peer Gynt veien

Leichte Wanderung; 1¹/₄ Std.; ca. 50 Hm;
Karte: 1817 IV Fåvang.

Zufahrt: Bei Tretten im Gudbrandsdalen von der E6 über Straße Nr. 254 westl. zum Peer Gynt veien abzweigen.

Wegverlauf: Vom Berggasthof Fagerhøi am Peer Gynt veien (ca. 1100 m) zum Almgasthof Bonsjøhaugseter (ca. 1050 m); breiter, ebener Weg, 1¹/₄ Std.

Peer Gynt Setervei

Zufahrt: In Vinstra oder Kvam im Gudbrandsdalen von E6 östl. abzweigen; Mautstraße Peer Gynt Setervei zum Hotel Rondablikk am See Furusjøen (852 m) folgen.

Wegverlauf: a) See Furusjøen: *Leichte Wanderung am See Furusjøen, 1–3 Std. (3 Std. gesamte Umrundung, mit Bootsfahrt kombinierbar); 20 Hm; Karte: Rondane.*

b) Hovdeppigen: *Leichte Wanderung; ¹/₄ Std.; 100 Hm; Karte: Rondane.*

Zufahrt: Wie bei b) zum Peer Gynt Setervei. Von Kvam kommend durchquert der Setervei ca. 2 km nach Mautschranken auf einem Damm das Moorgebiet Hovdemyra. Bei Straßengabelung im Moor li. (Schild „Hovde") 1 km bis Schafalm fahren. (Der flache Bergrücken mit hellen Quarzitfelsen, der östl. aufragt, ist der Hovdeppigen.)

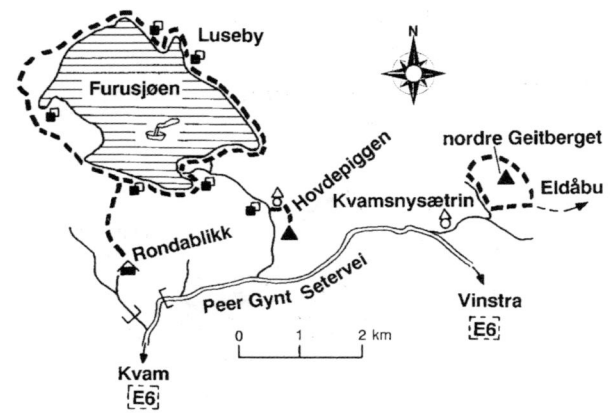

Wegverlauf: Von Schafalm (870 m) zweigt breiter Weg über flachen N-Rücken zum Hovdeppigen ab (970 m, $^1/_4$ Std.).

c) Nordre Geitberget: *Leichte Wanderung; 1 Std.; 310 Hm; Karte: Rondane.*

Zufahrt: Wie bei b) zum Peer Gynt Setervei und auf diesem zur Alm Kvamsnysætrin (ca. 870 m).

Wegverlauf: Im NO der Alm ragt Geitberget auf. Vor sich, westl. des Gipfels, erblickt man kleinen Wasserfall und daneben Aufstiegsweg. Diesen hinauf, über flachen N-Rücken zum Gipfel (1178 m, 1 Std.) und gegen SO absteigen, bis man Weg erreicht, der S-Rücken des Berges quert und von der Alm zur Hütte Eldåbu führt. Auf diesem Weg absteigend zum Ausgangspunkt zurück.

26. Tørrisknattane und Ormtjørnskampen

a) Tørrisknattane

Leichte Wanderung; $1^1/_4$ Std.; 280 Hm; Karte: 1717 II Synfjell.

Zufahrt: Von Straße E16 bei Fagernes oder E6 bei Lillehammer auf den Vestfjellvegen zum Hytter-Zentrum und Café Lenningen. 2 km nördl. von Lenningen passiert Straße Ufer des Sees Sebu-Røssjøen, gegenüber Rast- und Parkplatz.

Wegverlauf: Von Parkplatz (936 m) Straße einige min Richtung Lillehammer folgen, bis li. (W) ein mit Schranken gesperrter Fahr-

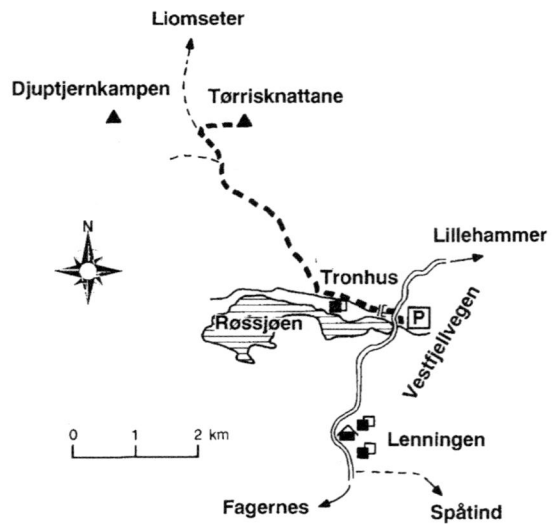

weg abzweigt (Hinweistafel „Liomseter"). Fahrweg oberhalb des Sees $^1/_4$ Std. gegen W folgen. Sobald bei einigen Hütten (Tronhus) freie Almfläche erreicht wird, zweigt re. (N) Weg (Tafel „Liomseter") ab. Felsspitze, die man vor sich sieht, ist der Tørrisknattane. Durch Fjellbirkenwald markiertem Weg gegen NW folgen. Man quert in freiem Gelände unter dem Felsriegel des Tørrisknattane und erreicht Weggabelung (1 Std.): Li. unmarkierter Pfad durch sumpfiges Gelände zum See Djuptjernet. Re. T-markiertem Weg zu weitem Sattel zwischen Gipfeln Tørrisknattane und Djuptjernkampen folgen. Kurz vor dem Sattel zweigt re. (O) unmarkierter Steig in Richtung eines großen Steinmannes ab. In 10 min über den flachen W-Kamm auf den Tørrisknattane (1212 m, insgesamt $1^1/_4$ Std.).

b) Ormtjørnskampen

Unschwierige Wanderung, nicht markierter Steig; 1 Std.; 290 Hm; Karte: 1717 II Synfjell.

Zufahrt: Wie bei a) auf den Vestfjellvegen und zur Brücke Holsbrua über den Fluß Dokkelva. $^1/_2$ km westl. der Brücke leitet mit Schranken gesperrte Fahrstraße zur Alm Ormtjørnsetra (840 m, Schlüssel für Schranken im Café Holsbru östl. der Brücke erhältlich). Straße ca. 3 km fahren oder wandern.

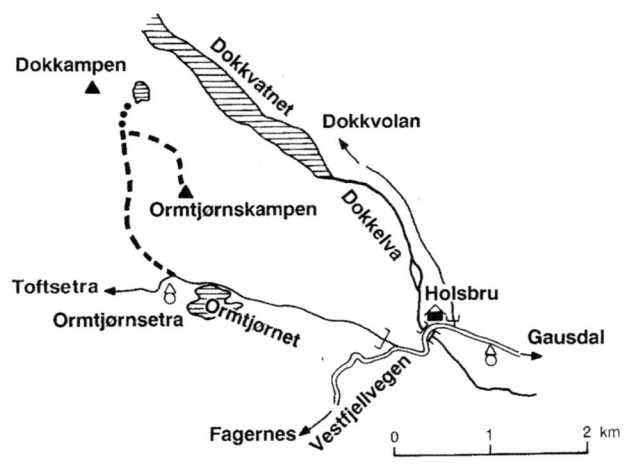

Wegverlauf: Kurz vor der Alm (Bach nicht überschreiten) zweigt re. (NW) Steig ab, der östl. des Baches hinaufleitet und sich gegen N wendet. Fichtenwald durchwandern, bis bei Markierung auf Stein der Steig scharf re. (O) auf den N-Rücken des Berges führt (geradeaus führt Steig zum kleinen See in Sattel zwischen Dokkampen und Ormtjørnskampen). In freiem Gelände über den breiten N-Rücken leicht zum Gipfel (1128 m, 1 Std. ab Alm).

27. Skaget

Leichte Bergtour; 1¹/₂ Std.; 560 Hm;
Karten: Jotunheimen, 1717 IV Espedalen, 1617 I Sikkilsdalen.

Zufahrt: Von Straße Nr. 51 bei Heggens (20 km nördl. von Fagernes) nach Robøle. Von hier 4 km auf Mautstraße zur Fjellstue Yddin und weitere 7 km geradeaus zu Straßengabelung bei Mauthäuschen. Li. Zufahrt zum Berggasthof Kjølabu (ca. 3 km); wir fahren re., passieren nach 1 km weiteres Mauthäuschen und erreichen über Almdorf Vesleskag nach 5 km die Hütte Storeskag (1122 m).

Wegverlauf: Von Storeskag zweigen zwei T-markierte Wege nach Storhøliseter und nach Haugseter ab. Nicht diesem markierten Weg folgen, sondern direkt auf breitem Weg über den SO-Rücken des Skaget hinauf, die markante Felsnase „Nasen" anpeilend. Zuletzt steil über Felsschrofen (stellenweise ganz leichte Kletterei) auf den Gipfel des Skaget (1686 m, $1^1/_2$ Std.).

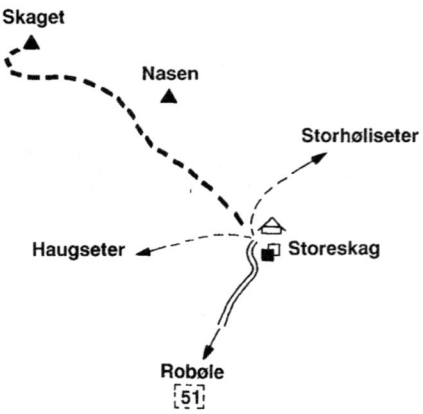

28. Jotunheim veien

a) Buhø

Leichte Wanderung, weglos; $^1/_2$ Std.; 150 Hm;
Karten: Jotunheimen, 1617 I Sikkilsdalen.

Zufahrt: Von Straße Nr. 51 1 km nördl. des Hotels Bygdin re. (O) zur Mautstraße Jotunheim veien.

Wegverlauf: Vom Scheitelpunkt der Straße Jotunheim veien (ca. 1180 m, ca. 26 km östl. von Bygdin) westl. weglos auf den Gipfel des Buhø (1327 m, $^1/_2$ Std.).

b) Oskampen und Vangstulkampen

Oskampen: *Leichte Bergtour; Gipfelanstieg nicht markiert; $2^1/_2$ Std.; 500 Hm; Karten: Jotunheimen, 1617 I Sikkilsdalen.*

Zufahrt: Wie bei a) zum Jotunheim veien und auf Nebenstraße 3 km gegen See nedre Heimdalsvatnet.

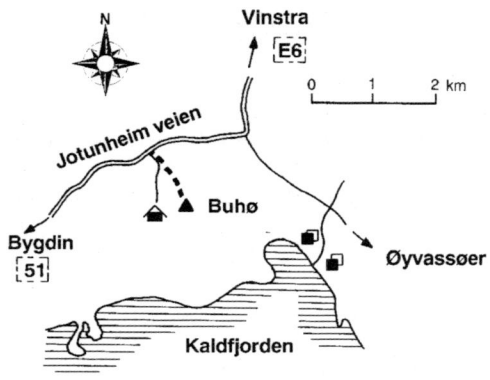

Wegverlauf: Markierter Weg kreuzt Fahrweg in ca. 1080 m Höhe. Markiertem Weg re. (N) zur Hütte Oskampen (1175 m, $^1/_2$ Std.) folgen. Von Hütte ca. $^1/_2$ Std. markiertem Weg Richtung Sikkilsdalsseter. Dann re. (NO) abzweigen und weglos (Steigspuren) über W-Rücken auf den Oskampen (1502 m, 2 Std.).

Vangstulkampen: *Leichte Bergtour; 3 $^3/_4$ Std.; 620 Hm; Karten: Jotunheimen, 1617 I Sikkilsdalen.*

Zufahrt und Wegverlauf zur Hütte Oskampen wie bei b). Von Hütte auf markiertem Weg Richtung Sikkilsdalsseter zum See Heimdalsvatn absteigen und dann zum Sattel westl. des Vangstulkampen aufsteigen. Von hier in 10 min re. (O) weglos zum Vangstulkampen (1624 m, $3^1/_4$ Std. ab Hütte).

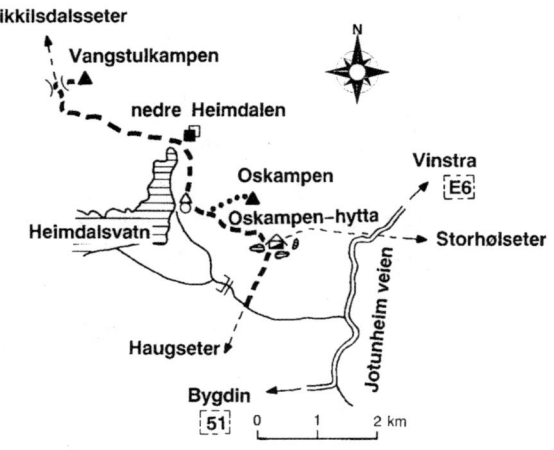

Tips für Radfahrer – Gausdal-Vestfjell

Folgende Mautstraßen (Naturstraßen) in überwiegend freiem Gelände auf Hochebenen sind zu empfehlen: Peer Gynt veien (s. Tour Nr. 25a), Peer Gynt Setervei vom Hotel Rondablikk über die Hochfläche Richtung Vinstra (s. Tour Nr. 25b), von Robøle 2 Mautstraßen nach Storeskag oder Kjølabu (s. Tour Nr. 27) und der Jotunheim veien (s. Tour Nr. 28). Der Vestfjellvegen (s. Tour Nr. 26) ist von Hafsennstølen bis Forsetsetra auf der Hochfläche am lohnendsten.

29. Jotunheimen – Allgemeines

30. Synshorn

Leichte Bergtour; 1$^1/_4$ Std.; 410 Hm;
Karten: Jotunheimen, 1617 IV Gjende.

Zufahrt: Über Straße Nr. 51 zum Hotel Bygdin. Ca. $^1/_2$ km nördl. des Hotels zweigt Fahrstraße li. (W) Richtung Hütte Bygdisheim ab. Dieser ca. 100 m folgen, bis re. kleiner Parkplatz.

Wegverlauf: Anstieg beginnt direkt gegenüber dem Wehr, über das ein für motorisierten Verkehr gesperrter Fahrweg vom Hotel Bygdin herführt. Wo Fahrweg in die mit Schranken gesperrte Straße nach Bygdisheim mündet, ist am gegenüberliegenden Straßenrand

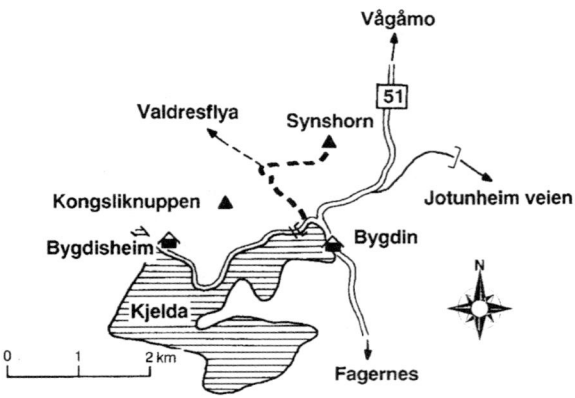

erstes rotes „T" (1065 m). Bach und kurze morastige Stelle (Stiefel angenehm) überqueren und li., westl. des Baches, hinauf. Kurz bevor man Sattel westl. des Synshorn erreicht, können Felsplatten wasserüberronnen sein; dann diese Passage li. umgehen.

Im Sattel Weggabelung: T-markierter Weg führt in Senke geradeaus (NW) weiter zur Valdresflya und überquert kleinen Bach, der östl. vom Synshorn herunterkommt. Bach nicht überqueren, sondern re. (O) den ab jetzt nur mit Steinmännern markierten Steig zunächst am rechten (in Gehrichtung) Ufer, später am linken und dann wieder rechten Ufer aufwärts. Weg quert hinüber zum breiten W-Rücken und führt über diesen leicht zum Gipfel (1475 m, $1^1/_4$ Std.).

31. Bygdin-See

Leichte Wanderung; $3^1/_2$ Std.; 60 Hm;
Karten: Jotunheimen, 1617 IV Gjende.

Zufahrt: Siehe Tour Nr. 30.

Wegverlauf: Vom Hotel Bygdin (1065 m) oder Parkplatz an Fahrstraße nach Bygdisheim (vgl. Tour Nr. 30) der mit Schranken gesperrten Straße am Seeufer bis Bygdisheim (ca. 1070 m) $^1/_2$ Std. folgen (Ende des Fahrweges). Auf markiertem Steig am Seeufer 3 Std. zur Hütte Torfinnsbu. Einige kleinere Bäche ohne Steg zu überschreiten. Von Torfinnsbu mit Motorboot M/S Bitihorn zurück zum Hotel Bygdin, wo an Anlegestelle Abfahrtszeiten angegeben. Boot fährt ca. Ende Juni bis Anfang September.

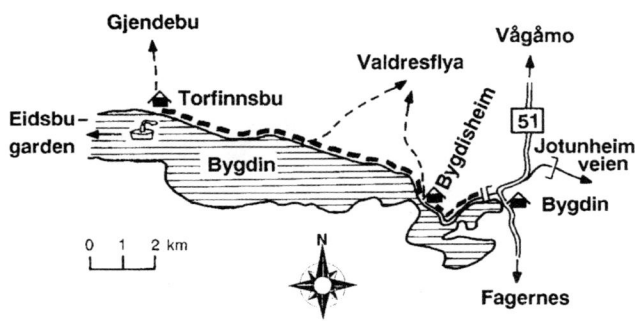

32. See nedre Leirungen

Leichte Wanderung, ebener Rundweg; 2 Std. (G);
Karten: Jotunheimen, 1617 IV Gjende.

Zufahrt: 1,2 km nördl. von Maurvangen von Straße Nr. 51 westl. auf Fahrweg abzweigen. Bis zu kleinem Parkplatz vor Weidegatter fahren.

Wegverlauf: Weidegatter übersteigen, Straße bis zum Seeufer folgen. Bevor man Almhütten Leirungsbuene erreicht, zweigt li. (beschildert) markierter Weg zur Hütte Torfinnsbu ab (hierher auch in $1^1/_4$ Std. von der Hütte Gjendesheim, Flußübersetzung mit Boot). Markiertem Weg südl. folgen, Seeabfluß auf 2 Holzstegen überqueren und entlang des Ostufers durch 2 Weidegatter. Nach 2. Gatter und kleinem Bach markierten Weg verlassen und re. kleinem Steig am Seeufer folgen. See umrunden; das sumpfige NO-Ufer wird umgangen, man passiert Almhütten Leirungsbuene und kehrt zum Ausgangspunkt zurück (2 Std.).

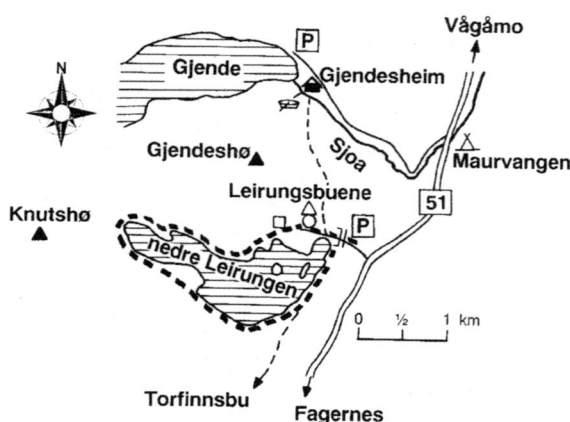

33. Besseggengrat und Memurubu

a) Veslefjellet und Besseggengrat

Leichte Bergtour; 5 Std.; 910 Hm;
Karten: Jotunheimen, 1617 IV Gjende.

Zufahrt: Von Straße Nr. 51 bei Maurvangen 2 km zu großem Parkplatz am See Gjende (Bootsanlegestelle) neben Hütte Gjendesheim. Vom Parkplatz und Hütte Gjendesheim (995 m) leitet je ein breiter Weg gegen N den Bergrücken hinauf. Wege vereinigen sich, Grenztafel des Nationalparkes wird passiert. Nach $^1/_2$ Std. beschilderte Weggabelung: geradeaus weiter zur Hütte Glitterheim, scharf li. (NW) gegen die Felsen des Veslefjellet unser Weg. Über eine kurze Wandstufe und durch eine Rinne auf die Hochfläche des Veslefjellet ($^3/_4$ Std.) und sanft ansteigend zum höchsten Punkt (1743 m).

Abstieg erst flach, dann steiler auf gut gestuftem Fels über den breiten Besseggengrat zum Felsrücken (Bandet), der See Bessvatnet vom See Gjende trennt. Rund 150 m Gegenanstieg zum See Bjørnbøltjørna (1475 m). Dann Abstieg zur Hütte Memurubu (1008 m, insgesamt 5 Std.).

Rückfahrt mit Motorboot M/S Gjende über den See Gjende. Boot fährt Juli, August 2–3mal täglich; Abfahrtszeiten kontrollieren. Auch Rückwanderung am Seeufer, ca. $3^1/_2$ Std. möglich; teils morastig.

Variante: Bei Weggabelung, $^1/_2$ Std. nach Gjendesheim, markiertem Weg re. (N) gegen Glitterheim folgen. In 1 Std. wird See

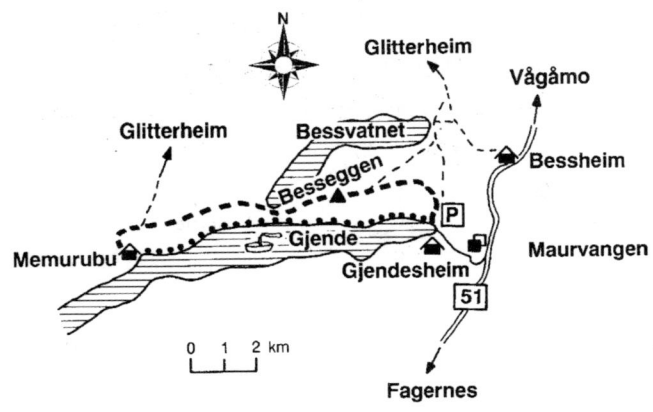

Bessvatnet (1373 m), nach weiteren 1¹/₂ Std. See Russvatnet (1175 m) erreicht. Von beiden Abstieg ins Sjodalen möglich.

b) Memurubu – Gjendebu

Leichte Bergtour; 5 Std.; ca. 660 Hm;
kurze, gesicherte Passagen;
Karten: Jotunheimen, 1617 IV Gjende.

Zufahrt: Zufahrt und Zugang oder Bootsfahrt zur Hütte Memurubu (s. Tour Nr. 33a).

Wegverlauf: Von Hütte Memurubu (1008 m) auf markiertem Weg Fluß Muru auf Brücke überschreiten und westl. steil zur ersten Erhebung im Bergkamm über dem See Gjende, dem Sjugurdtind (1300 m). In leichter Steigung über die Hochfläche zum See Sjugurdtindjørnet (1443 m) und weiter gegen SW, bis ein vom Tal Memurudalen heraufziehender markierter Weg von re. (W) einmündet. Li. halten und über die steile, an einigen ausgesetzten Stellen gesicherte Bergflanke (Bukkelægret) 450 Hm zum See Gjende absteigen. Am Ufer des Sees zur Hütte Gjendebu (990 m), 5 Std. Rückkehr nach Gjendesheim mit dem Boot (Fahrzeiten bestimmen Aufbruchszeit in Memurubu!).

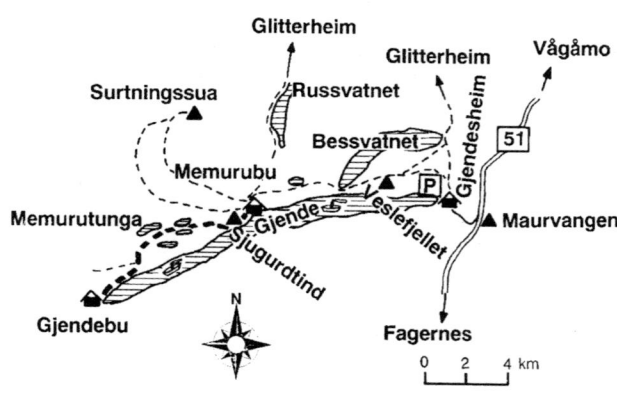

34. Sikkilsdalshø

Leichte Bergtour; 3 Std.; 800 Hm;
Karten: Jotunheimen, 1617 I Sikkilsdalen, 1617 IV Gjende.
Variante: Rundtour Sikkilsdalshø – Sikkilsdalsseter –
Sikkilsdalsvatnet; 11 Std.; 940 Hm.

Zufahrt: Von Straße Nr. 51 zum Campingplatz Maurvangen.

Wegverlauf: Fahrweg durch Campingplatz (ca. 970 m) bis Schranken folgen. Hier re. (O) halten (beschildert). Nach ca. 100 m zweigt der Weg li. (NO) ab. In ca. 1140 m Höhe Weggabelung: Re. (O) zweigt Weg ab, der hinunter ins Sikkilsdalen zu den Sikkilsdals-Seen (øvre und nedre Sikkilsdalsvatnet, 995 m bzw. 992 m) und zur Alm und Hütte Sikkilsdalsseter (1000 m) führt; 5 Std. ab Maurvangen. Für Besteigung des Sikkilsdalshø linken Weg wählen, der zuerst steiler über den SW-, dann flacher über den W-Hang zum Gipfel (1778 m) führt, 3 Std.

Variante: Rundtour – Abstieg vom Gipfel nach Sikkilsdalsseter (3 Std.) und Rückkehr über die Sikkilsdals-Seen mit kurzem Gegenanstieg zur beschriebenen Weggabelung. Von Sikkilsdalsseter bis Maurvangen 5 Std.; Nächtigung in der Hütte Sikkilsdalsseter empfehlenswert.

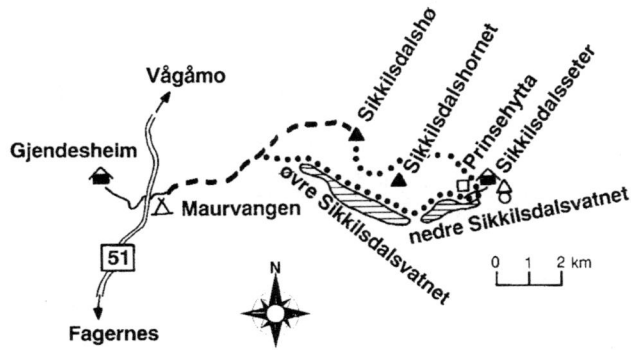

35. Besstrondfjellet

Leichte Wanderung; $^1/_2$ Std.; 180 Hm;
Karten: Jotunheimen, 1617 IV Gjende.

Zufahrt: Von Maurvangen 6 km auf Straße Nr. 51 nördl. zum Berggasthof Besstrond (935 m, mehrere Hütten).

Wegverlauf: Von höchstgelegener Hütte markiertem Steig westl. dem Bergkamm aufwärts folgen. Nach 20 min zweigt li. Steig zum Berggasthof Bessheim ab. Geradeaus weiter zu flacherem Gelände. Direkt neben dem Weg liegt ein kleiner Moorsee mit konservierten Kiefernstämmen am Besstrondfjellet ($^1/_2$ Std., ca. 1150 m). Weiterwanderung ins Russdalen auf markiertem Weg lohnend.

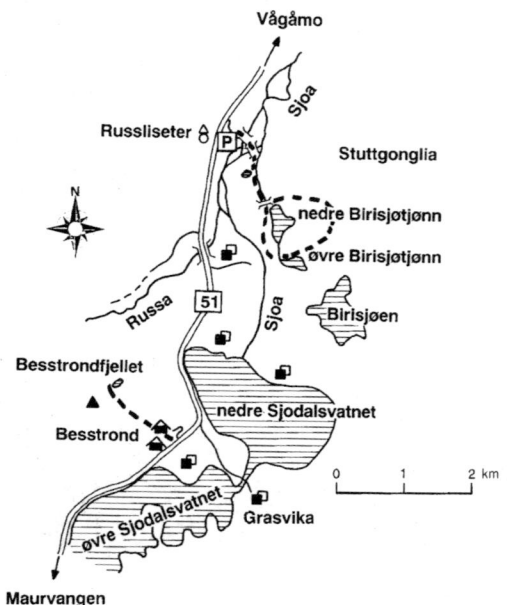

36. Naturreservat Stuttgonglia

Leichte Wanderung; $2^1/_2$ Std.; ca. 50 Hm;
Karten: Jotunheimen, Wegverlauf auf Info-Tafel am Parkplatz.

Zufahrt: Ca. 4 km nördl. des Berggasthofes Besstrond bzw. 1 km nördl. der Brücke über Bach Russa liegt östl. der Straße Nr. 51 kleiner Parkplatz mit großer Hinweistafel „Naturstig".

Wegverlauf: Vom Parkplatz (ca. 890 m) Nebenarm der Sjoa und Sjoa selbst auf zwei Brücken überqueren. Mit Holzstangen deutlich markiertem Weg zum See nedre Birisjøtjønn (901 m) folgen. Seeabfluß für Rundwanderung nicht überqueren, sondern re. halten zum See øvre Birisjøtjønn (Tourenbuch). Leicht ansteigend durch Kiefernwald und zurück zum unteren See, wo Seeabfluß überschritten und Rundtour geschlossen wird. (Skizze s. S. 32.)

37. Fluß Sjoa

Kurze Abstecher zum Fluß, leichte Wanderung.

Zufahrt: Besichtigungen von Straße Nr. 51.

Wegverlauf: a) Von Maurvangen Straße Nr. 51 durch das **Sjodalen** ca. 16 km flußabwärts zum Berggasthof Hindseter. 0,6 km nach Hindseter zweigt re. (O) Fahrweg zur Sjoa und Wasserfall Stuttgongfossen ab (5 min).

Ca. 24 km ab Maurvangen (6 km südl. vor Randsverk) zweigt re. (O, Schild für Sehenswürdigkeit) Fahrweg zu Parkplatz ab. Von hier ca. 5 min zur Sjoa-Schlucht „Ridderspranget".

b) In Randsverk zweigt re. (O) Straße Nr. 257 ab, die durch das **Heidal** (denkmalgeschützte Bauernhöfe) ins Gudbrandsdalen führt.

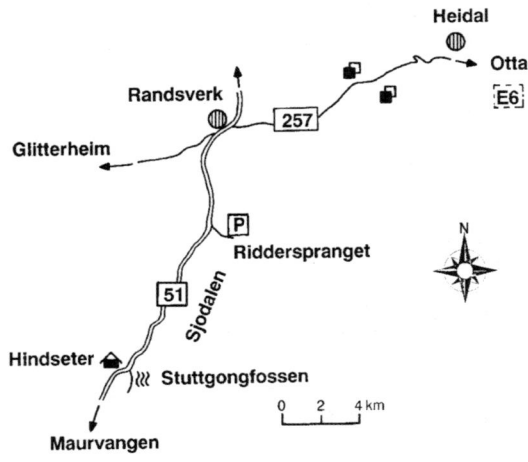

38. Glitterheim, Glittertind und Hestlægerhø

a) Hütte Glitterheim: *Leichte Wanderung, Fahrweg; 1¹/₂ Std.; ca. 90 Hm.*

b) Glittertind: *Mäßig schwierige Bergtour, Gletschertour; 3 Std. ab Hütte Glitterheim; 1120 Hm; Karten: Jotunheimen, 1618 III Glittertinden.*

c) Austre Hestlægerhø: *Leichte Bergtour; 2 Std. ab Hütte; 570 Hm; Karten: siehe oben.*

Zufahrt: In Randsverk von Straße Nr. 51 westl. abzweigen und Mautstraße ca. 24 km bis Nationalparkgrenze (Schranken) folgen.

Wegverlauf: a) Glitterheim: Von Nationalparkgrenze (ca. 1300 m), 1¹/₂ Std. (ca. 8 km) auf Fahrweg zur Hütte Glitterheim (1384 m).

b) Glittertind: Von Glitterheim den Hang westl. der Hütte hinauf und 700 Hm mäßig steigend über den blockigen SO-Hang zum Blockfeld zwischen den Gletschern Glitterbreen und Gråsubreen (je nach Jahreszeit größere oder kleinere Schneefelder, Markierungen oft unter Schnee). Knappe ³/₄ Std. unmarkiert über den spaltenfreien Glitterbreen zum vergletscherten und überwächteten Gipfel des Glittertind. Bei Glatteis Steigeisen erforderlich.

c) Hestlægerhø: Von Glitterheim markiertem Weg zu Hütten Gjendesheim und Memurubu (O) folgen. Fluß Veo auf Brücke überschreiten, südl. Berghang leicht ansteigend queren, bis Fluß Hestbekken erreicht. Neben Fluß aufwärts zum 1685 m hohen Sattel zwischen den Kuppen vestre und austre Hestlægerhø (1¹/₂ Std.). Ohne Markierung leicht in 10 min zum vestre Hestlægerhø (1758 m) oder austre Hestlægerhø (1950 m, ¹/₂ Std.).

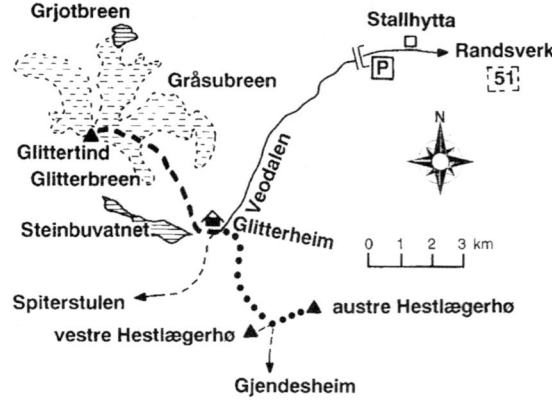

Tips für Radfahrer – Jotunheimen östlicher Teil

Vom Hotel Bygdin an Straße Nr. 51 gegen W nach Bygdisheim (für motorisierten Verkehr gesperrter Fahrweg, s. Tour Nr. 31) und gegen O Mautstraße Jotunheim veien (s. Tour Nr. 28); beides Naturstraßen.

Im Sjodalen ist der Streckenabschnitt im freien Gelände von Maurvangen bis Hindseter am lohnendsten; in Hauptsaison viel Touristenverkehr. Verkehrsärmer ist das Heidal (s. Tour Nr. 37b). Kaum Verkehr hat die Mautstraße (Naturstraße) im Veodalen von Randsverk nach Glitterheim. Die letzten 8 km ab Nationalparkgrenze, der schönste Streckenteil, sind für motorisierten Verkehr gesperrt (s. Tour Nr. 38).

39. Sognefjellvegen

Wanderungen von Straße Nr. 55 am Sognefjell.

a) Prestesteinshøgda: *Leichte Wanderung; $^1/_2$ Std.; 190 Hm; Karten: Jotunheimen, 1518 III Sognefjell.*

Zufahrt: Von Skjolden ca. 25 km auf das Hochplateau Sognefjell.

Wegverlauf: Von der Paßstraße beim See Prestesteinsvatnet (1350 m) den Hügel Prestesteinshøgda (1536 m) nördl. der Paßstraße weglos ersteigen.

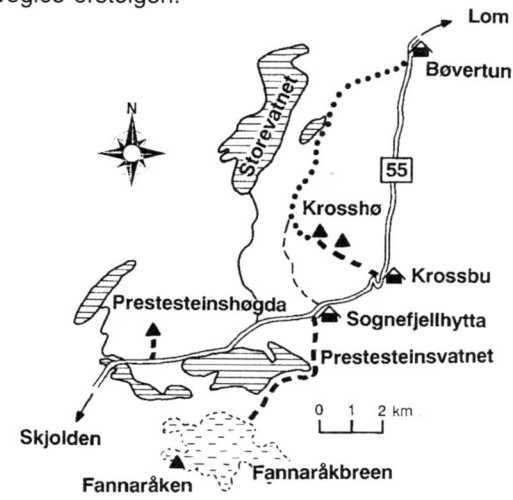

b) Krosshø: *Leichte Wanderung; 1¹/₄ Std.; 360 Hm.*

Variante: Bøvertun: *4 Std.; 360 Hm;*
Karten: Jotunheimen, 1518 III Sognefjell.

Zufahrt: Auf Straße Nr. 55 zur Hütte Krossbu, östl. des Passes.

Wegverlauf: Von Krossbu (1267 m) auf markiertem Weg Richtung Bøvertun. In 1¹/₄ Std. wird die Aussichtskuppe Krosshø (1627 m) erreicht.

Variante: Von Krosshø zur Hütte Bøvertun. Von Kuppe Krosshø absteigen; Weg von Sognefjell-Hütten mündet ein. Bei Weggabelung re. (N) halten. Markiertem Steig am Westufer des Sees Aurkvei folgen, Seeabfluß überschreiten. Zahlreiche Bäche zu durchschreiten, Stiefel günstig. Durch das Tal der Dumna (Kalksteingrotten) zur Hütte Bøvertun (950 m, an Straße Nr. 55). Von Hütte Krossbu 4 Std.

c) Fannaråkbreen: *Leichte Wanderung; 1¹/₂ Std.; 20 Hm;*
Karten: Jotunheimen, 1518 III Sognefjell.

Zufahrt: Auf Straße Nr. 55 zur Sognefjellhytta.

Wegverlauf: Von der Hütte Straße Nr. 55 kurz westl. folgen. Am Ende des südl. der Straße liegenden Sees zweigt li. (S) vielbegangener Weg ab, der fast eben zum See Prestesteinsvatnet und Fuß des Gletschers Fannaråkbreen führt (1¹/₂ Std.).

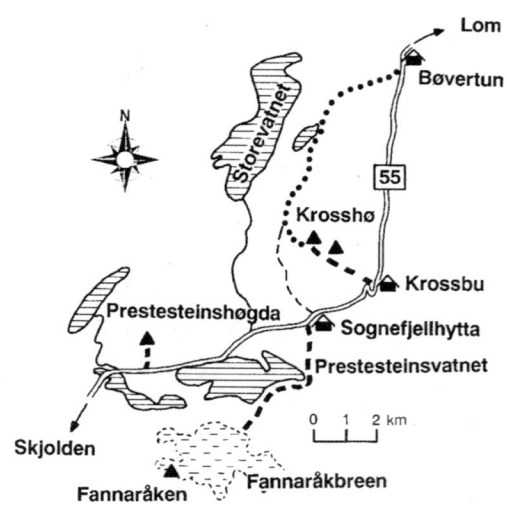

40. Fannaråken

Leichte Bergtour; 3¹/₂ Std.; 1120 Hm; bis Herbst Firnfelder;
sehr wetterexponiert;
Karten: Jotunheimen, 1518 III Sognefjell
und 1517 IV Hurrungane.

Zufahrt: Von Skjolden auf Straße Nr. 55 zum Berggasthof
Turtagrø.

Wegverlauf: Von Turtagrø (884 m) ca. 1 km Straße Nr. 55 weiter-
fahren, bis kurz vor Haarnadelkurve re. (O) Fahrweg ins Helge-
dalen abzweigt. Fahrweg 1¹/₂ km bis Schranken (ca. 950 m) vor
einigen Ferienhütten folgen (hierher auch zu Fuß auf markiertem
Weg in ¹/₂ Std. von Turtagrø). Fahrweg in den Talschluß folgen, bei
Weggabelung li. (N) wenden (re., östl., direkter Weg zum Paß
Keisarpasset). Hinauf zur Ekrehytta (ca. 1200 m, 1 Std.). Knapp
unter Hütte Weggabelung mit Wegweisern. Hier li. (NO) wenden
und steilen Hang in vielen Kehren aufwärts zum Gipfel des
Fannaråken (2069 m) und der Fannaråkhytta, 2¹/₂ Std.

Variante: Abstieg über Fannaråknosa. Von Fannaråkhytta östl.
dem mit vielen Steinmännern markierten Grat zur Fannaråknosa
folgen und zum Keisarpasset absteigen. Hier Weggabelung: geradeaus (S) zur Hütte Skogadalsbøen; re. (W) über Hochfläche zurück zur Ekrehytta (3 Std.), wo Rundtour sich schließt.

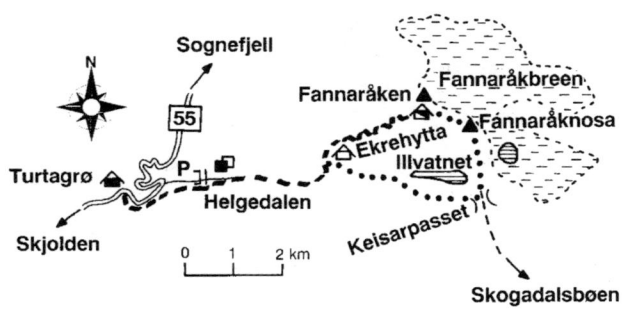

41. Tal der Utla

Leichte Wanderungen vom Utladalen;
Karten: Jotunheimen, 1517 IV Hurrungane.

a) Fuß des Vettisfossen; *1 1/2 Std.; 250 Hm;*

b) Vettismorki; oberes Ende des Vettisfossen: *2 Std.; 580 Hm;*

c) Bergbauernhof Avdalen; *3/4 Std.; 280 Hm.*

Zufahrt: Von Øvre Årdal 8 km durch das Utladalen nach Hjelle (107 m). Kurz vor Straßenschranken am Beginn des Naturschutzgebietes re. unter Wasserfall Parkplatz mit Info-Tafel.

Wegverlauf: Für Tour **a)** und **b)** der Fahrstraße vom Parkplatz bis Vetti (317 m) 1 Std. folgen. **a)** Von Vetti leitet beschilderter Weg zum Fuß des Wasserfalles Vettisfossen, 20 min. **b)** Ein markierter Weg führt von Vetti zur Hütte Vettismorki (683 m) und zum oberen Ende des Vettisfossen, 1 Std. **c)** Von Hjelle Straße gegen Vetti folgen, dreimal auf Brücke Fluß Utla überqueren. Nach 3. Brücke zweigt li. (W) markierter Weg zum Bergbauernhof Avdalen (385 m, 3/4 Std.) ab.

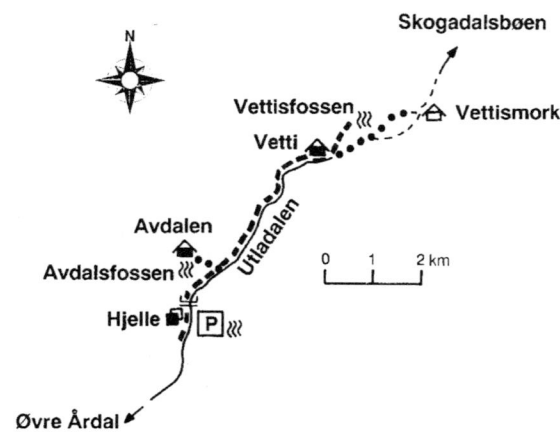

42. Leirdalen

a) Kyrkjeglupen: *Leichte Wanderung; 1¹/₂ Std.; 100 Hm;
Karten: Jotunheimen, 1518 II Galdhøppigen.*

b) Høgvaglen: *Leichte Wanderung; Høgvaglen 1 Std.; 120 Hm.
Olavsbu 4 Std. (leichte Bergtour); ca. 270 Hm;
Karten: Jotunheimen, 1518 II Galdhøppigen und 1517 I Tyin.*

Zufahrt: Von Straße Nr. 55 auf Mautstraße 15 km zu Hütte Leirvassbu.

Wegverlauf: a) Kyrkjeglupen: Von Leirvassbu (1405 m) markiertem Weg in Richtung der Hütte Spiterstulen folgen. Schlucht Kyrkjeglupen durchschreiten und bis zur Wasserscheide (1499 m) aufsteigen, 1¹/₂ Std.

b) Høgvaglen: Von Leirvassbu mit Schranken gesperrtem Fahrweg südl. ca. 1 km folgen, bis Fahrweg in Rechtskurve nach W knickt. Kurz nach Kurve zweigt markierter Steig nach S zum Paß Høgvaglen (1518 m) ab (1 Std., bis in Spätsommer Schneefelder).

Weiterer Weg zur Hütte Olavsbu führt absteigend (teilweise grobblockiger Schutt) am Ostufer der Seen Høgvagltjørnene vorbei. Am Ende des unteren Sees Weggabelung: li. (SO) zur Hütte Gjendebu; re. (S) zur Selbstbedienungshütte Olavsbu (1440 m).

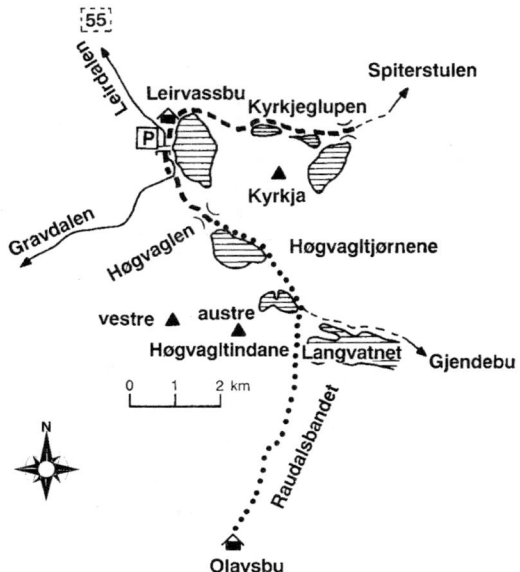

39

43. Galdhøppigen

Gletschertour; 2–3 Std.; 630 Hm;
Karten: Jotunheimen, 1518 II Galdhøppigen.

Zufahrt: Von Bøverdal an Straße Nr. 55 auf Mautstraße ca. 4 km zum Berggasthof Raubergstulen und auf weiterer Mautstraße 9 km zur Juvvasshytta.

Wegverlauf: Von der Juvvasshytta (1841 m, Sommerschigebiet) südöstl. über SO-Zipfel des Gletschers Veslejuvbreen (Schilift) und über grobes Blockwerk zum Rand des Gletschers Styggebreen. Auf Bockfeld einige Steinmänner; bis Sommer oft geschlossene Schneedecke.

Der Gletscher Styggebreen besitzt Spalten, Begehung erfordert Gletschererfahrung. Unerfahrene sollten Tour nur mit Führer unternehmen, Anmeldung in Juvvasshytta am Vorabend.

Über den flachen Styggebreen in Richtung des „kleinen", vesle Galdhøppigen und über den felsigen, meist schneebedeckten Nordsporn, der mit einem dünnen Stahldraht gesichert ist, zum Gipfel (2469 m); 2–3 Std., je nach Bedingungen.

Variante: Von Spiterstulen (vgl. Tour Nr. 44) in 4 Std. (ca. 1400 Hm) über Keilhaus topp zum Galdhøppigen; Firnfelder und kurz Gletscher.

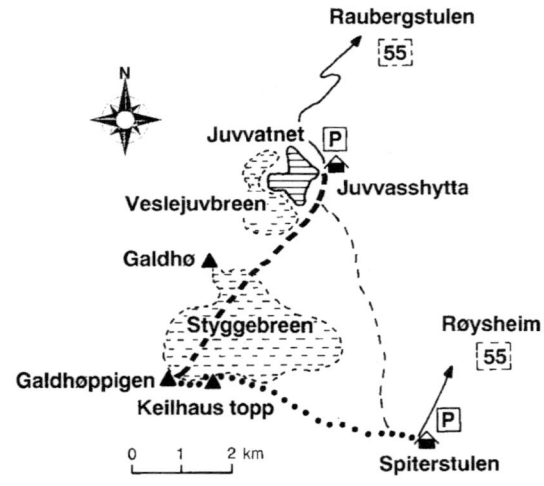

44. Spiterstulen

Leichte Bergtour; 5 Std.; 430 Hm;
Karten: Jotunheimen, 1518 II Galdhøppigen.

Zufahrt: Von Røysheim an Straße Nr. 55 auf Mautstraße zu den Hütten Spiterstulen.

Wegverlauf: Von Spiterstulen (1106 m) fast eben talaufwärts markiertem Weg Richtung Hütte Leirvassbu folgen. Der große Gletscherbach Hellstuguåa wird auf einem Steg ca. 40 m über dem Talboden gequert. Im Tal viele Bäche zu überschreiten, wasserfestes Schuhwerk. Bei Weggabelung re. (SW) halten (li., südl., leitet markierter Weg durch das Uradalen zur Hütte Gjendebu). Durch das Visdalen sanft ansteigend zur 1499 m hohen Wasserscheide und leicht absteigend durch die Schlucht Kyrkjeglupen zur Hütte Leirvassbu (1405 m, vgl. Tour Nr. 42a).

Variante: Eine Führung über den Gletscher Svellnosbreen (bizarre Eisformen) kann in der Hütte Spiterstulen gebucht werden.

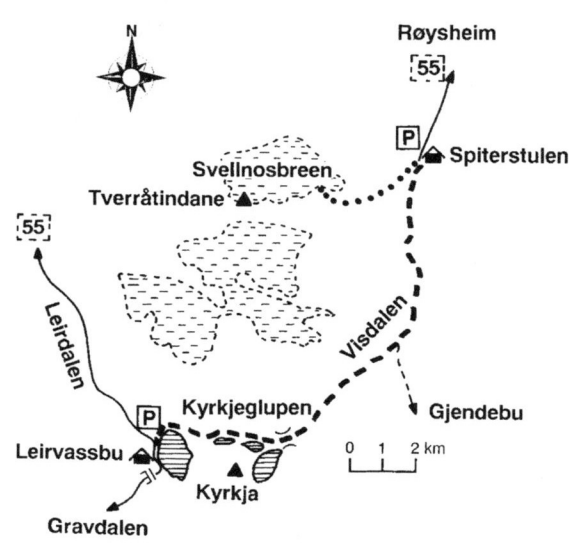

41

Tips für Radfahrer – Jotunheimen westlicher Teil

Auf der 20 km langen Durchquerung der Sognefjell-Hochfläche auf Straße Nr. 55 (s. Tour Nr. 39) ist in der Hauptsaison mit starkem Touristenverkehr zu rechnen. Einsam ist die Paßstraße vom Berghotel Turtagrø (im SW des Sognefjell an Straße Nr. 55 gelegen) nach Øvre Årdal; lohnend die ersten 11 km bis zur Paßhöhe Berdalsbandet. Die Mautstraße ins Leirdalen (s. Tour Nr. 42) und die im Naturschutzgebiet für motorisierten Verkehr gesperrte Straße durch das Utladalen nach Vetti (s. Tour Nr. 41), beides Naturstraßen, erschließen einsame Täler.

45. Jostedalsbreen – Allgemeines

46. Bergsetbreen

Leichte Wanderung; 1$^1/_4$ Std.; 120 Hm;
Karte: Jostedalsbreen.

Zufahrt: Von Gaupne am Sognefjorden Straße Nr. 604 ins Jostedalen bis Gjerde und 5 km ins Krundalen zum Straßenende beim Hof Bergset.

Wegverlauf: Vom Bergset (ca. 400 m) roten Markierungen (Punkte, Pfeile) über fast ebenen Talboden zum Fuß der schon sichtbaren Gletscherzunge des Bergsetbreen (ca. 520 m) folgen. Geradeaus zunächst auf Fahrweg, dann teils morastiger Steig (1$^1/_4$ Std.).

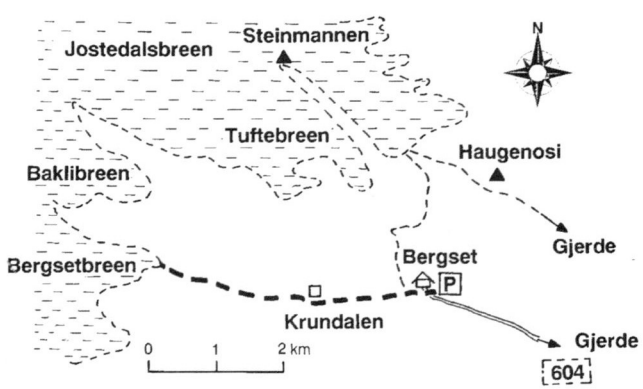

47. Nigardsbreen

Unschwierige Wanderung; 1 Std.; 140 Hm;
Karte: Jostedalsbreen.

Zufahrt: Von Gaupne am Sognefjorden Straße Nr. 604 ins Jostedalen bis Kroken. Ab hier 3 km Mautstraße zum Parkplatz am See Nigardsbrevatnet (285 m).

Wegverlauf: Vom Parkplatz markiertem Steig am rechten, nördl. Seeufer, teils über Felsriegel und Bäche zum Ende des Sees folgen (bis hierher in Hauptsaison auch mit Boot). Über flache, glattgeschliffene Felsplatten zum Fuß des Gletschers (ca. 420 m, 1 Std.).

Gletscherführungen werden in Hauptsaison angeboten, Anmeldung in kleiner Hütte am Parkplatz.

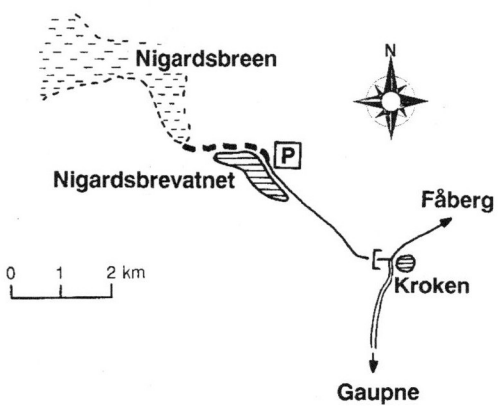

48. Tungestølen

Leichte Wanderung; 1¹/₂ Std.; 150 Hm;
(ab Høgebru 3 Std.; 260 Hm);
Karte: Jostedalsbreen.

Zufahrt: Von Hafslo an Straße Nr. 55 nach Veitastrond und Høgebru. Ab hier 6 km Mautstraße zur Hütte Tungestølen.

Wegverlauf: Von Tungestølen (280 m) 1¹/₂ Std. durch das Austerdalen zum Fuß des Gletschers Austerdalsbreen (ca. 430 m). Von Høgebru nach Tungestølen 1¹/₂ Std. auf Fahrweg (früher schneefrei als das Austerdalen!).

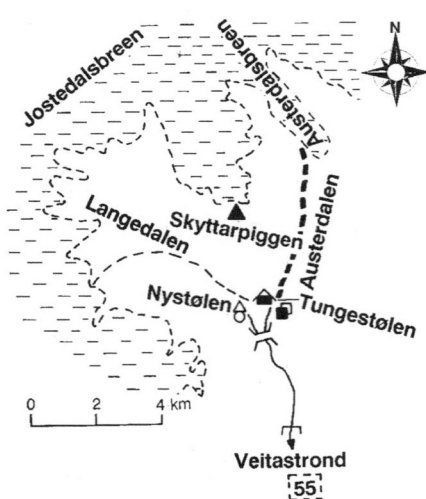

49. Marabreen

Unschwierige Bergtour, stellenweise Klettersteigcharakter;
2³/₄ Std.; 900 Hm;
Karte: Jostedalsbreen.

Zufahrt: Von Fjærland oder Skei auf Straße Nr. 625 zum Parkplatz am N-Ende des Tunnels unter dem Jostedalsbreen, östl. des Sees Kjøsnesfjorden.

Wegverlauf: Vom Parkplatz (ca. 520 m) kurz auf Straße Richtung Tunnel gehen. Unmittelbar vor Tunnelröhre li. (O) Wegweiser „Jostedalsbreen", auch deutsch „Jostedalsgletscher". Ca. 10 min am rechten Ufer flußaufwärts, dann re. (SW) in Kehren durch das steile Blockfeld unter der felsigen Rinne Lundeskardet. In der Rinne zunächst auf der li. (SO) Seite, dann Rinne queren und auf der rechten Seite (Drahtseilsicherungen) über Felsschrofen und steile Rasenabsätze aufwärts. An einigen Stellen Klettersteig-charakter; bis in den Hochsommer Schneereste.

Nach 1³/₄ Std. in ca. 1000 Hm Ausstieg aus Rinne. Nun fast eben gegen S über das Plateau. Abfluß eines Sees auf schräger Eisen-brücke überqueren. Re. (SW) am großen See Trollavatn liegt unbewirtschaftete Hütte Trollvassbu (markierter Weg berührt sie nicht). Gegen SO über glattgeschliffene Felsen zum Gletscher Marabreen (ca. 1200 m) aufsteigen, 1 Std. Auch Abstieg nach S zur Brevasshytta möglich.

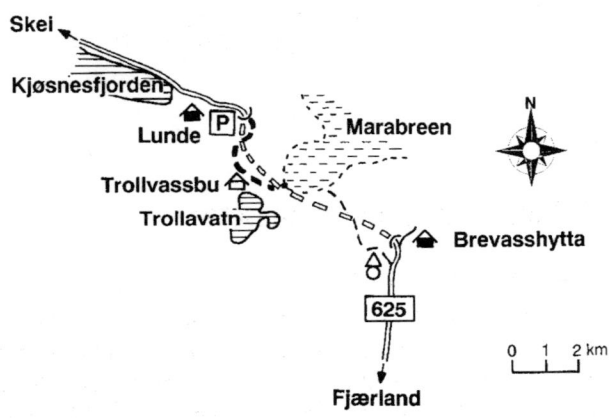

50. Brigsdalsbreen

Leichte Wanderung; 1 Std.; 200 Hm; Variante*: Aufstieg gegen Kattanaken: mäßig schwierige Bergtour; 2 Std.; 700 Hm; Karten: Jostedalsbreen, 1318 II Brigsdalsbreen.*

Zufahrt: Von Olden am Nordfjord (Straße Nr. 60) 24 km zur Fjellstue Brigsdal (ca. 180 m) mit gebührenpflichtigem Parkplatz.

Wegverlauf: Von Fjellstue breitem Pferdekutschenweg und im letzten Teil Fußweg zum Gletschersee und Fuß des Gletschers Brigsdalsbreen folgen (ca. 380 m, 1 Std.).

Variante: Teilanstieg zum Kattanakken. Nach Wasserfall Fahrweg verlassen und am rechten (S-)Ufer des Flusses bleiben, bis steiler Aufstieg re. (S) hinauf in Bergflanke zum Kattanaken beginnt. Der Weg ist ein Zustieg für Gletschertouren. Ca. 2stündiger Anstieg bietet prächtige Aussicht.

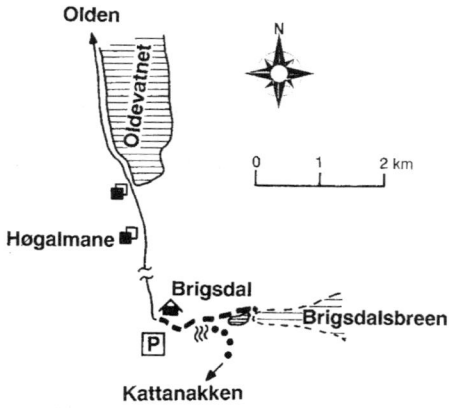

51. Kjenndalsbreen und Bødalseter

a) Bødalseter – Bødalsbreen

Leichte Wanderung; 1 Std.; 120 Hm; Karte: Jostedalsbreen.

Zufahrt: Von Loen an Straße Nr. 60 10 km ins Lodalen. Bei Bauernhöfen Bødal am Lovatnet li. (O) abzweigen und 5 km auf schottriger, schmaler Mautstraße bis zu kleinem Parkplatz vor der Alm und Hütte Bødalseter.

Wegverlauf: Vom Parkplatz (ca. 580 m) 10 min breitem Karrenweg zur Alm Bødalseter folgen. Auf der Wiese vor den Hütten Wegweiser „Lodalskåpa, Bødalsbreen und brua (Brücke)". Wegweiser folgen, Fluß Bødalselva auf Brücke überschreiten und südöstl. auf markiertem Weg (teils morastig) zu beschilderter Weggabelung: li. (O) zur Lodalskåpa, re. (S) zum kleinen Gletschersee und der Gletscherzunge des Bødalsbreen (ca. 700 Hm, 1 Std. ab Parkplatz).

b) Kjenndalsbreen (Variante)

Leichte Wanderung; ¹/₂ Std.; 160 Hm; Karte: Jostedalsbreen.

Zufahrt: Von Loen 13 km ins Lodalen und weitere 5 km auf Mautstraße zu Parkplatz im Kjenndalen.

Wegverlauf: Vom Parkplatz (ca. 140 m) in den Talschluß des Kjenndalen zur Gletscherzunge des Kjenndalsbreen (ca. 300 m), ¹/₂ Std. Auch die Straße ist ab der Tafel, die Maut ankündigt, eine eindrucksvolle Wanderung (1 Std. bis Parkplatz im Kjenndalen).

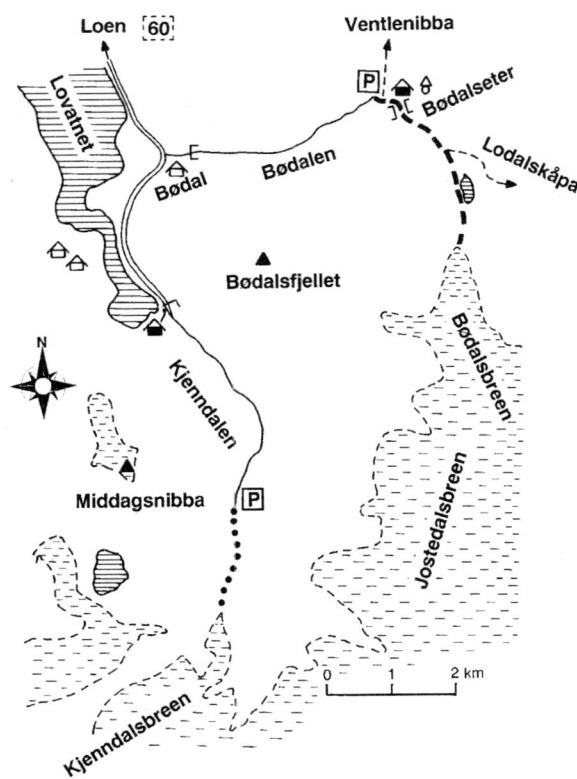

Tips für Radfahrer – Jostedalsbreen

Folgende Straßen leiten durch Täler zu Gletscherzungen des Jostedalsbreen:

Von Gaupne auf Straße Nr. 604 durch das Jostedalen bis Kroken und auf Mautstraße zum See Nigardsbrevatnet (s. Tour Nr. 47). Von Hafslo an Straße Nr. 55 an den Ufern der Seen Hafslo- und Veitastrondvatnet nach Høgebru und auf Mautstraße nach Tungestølen. Tunnels können seeseitig auf alter Straße umfahren werden (s. Tour Nr. 48).

Von Straße Nr. 60 im N des Jostedalsbreen zweigt in Olden das Oldedalen nach Brigsdal (s. Tour Nr. 50) ab und in Loen das Lodalen, das ins Kjenndalen überleitet (s. Tour Nr. 51b). Eine Fahrt am Ufer des Sees Kjøsnesfjorden (vgl. Tour Nr. 49) ist ein Erlebnis.

52. Gudbrandsdalen – Allgemeines

53. Lillehammer und Freilichtmuseum Maihaugen

Spaziergang durch das Museum; ca. 2 Std.

Zufahrt: Von der E6 in das Ortszentrum Lillehammer und Hinweis-schildern zum Freilichtmuseum folgen.

54. Neverfjellet und Lillehammer-Rondane-Pfad

Leichte Wanderung; 1¹/₄ Std.; 270 Hm;
Karte: 1817 II Lillehammer.

Zufahrt: Von Lillehammer 25 km nach Nordseter.

Wegverlauf: Von der Nordseter-Fjellstue (820 m) zunächst Fahrweg und dann markiertem Weg auf das Neverfjellet (1089 m)
folgen. Anstieg ist Teil des Lillehammer-Rondane-Pfades, der in
7 Tagen von Lillehammer in die Rondane führt.

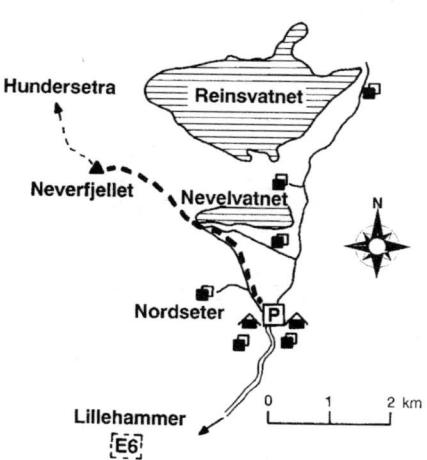

55. Rondane – Allgemeines

56. Rondvassbu

Leichte Wanderung; 1¹/₂ Std.; 90 Hm;
Karten: Rondane, 1718 I Rondane.

Variante: *Leichter Rundweg über Rørosveien: 5³/₄ Std. (gesamt);*
250 Hm.

Zufahrt: Von Otta an E6 13 km zur Almsiedlung Mysuseter und
weiter auf Mautstraße vorbei an kleinem See Intretjørni zum Park-

platz Spranget (Schranken, Nationalparkgrenze). Vom Parkplatz (ca. 1080 m) auf Fahrweg neben Fluß store Ula 7 km zur Hütte Rondvassbu (1173 m).

Variante: Südl. des Sees Indretjørni (1019 m) dem von Mautstraße re. abzweigenden Fahrweg kurz folgen, bis li. (NO, beschildert) Weg zur Hütte Bjørnhollia abzweigt; diesem folgen. Man überquert einen Fahrweg und trifft nach ca. $2^1/_2$ km auf den vom See Furusjøen heraufziehenden Weg „Rørosveien". Diesem nördl. folgen, bis er in den Fahrweg zur Hütte Rondvassbu ($3^1/_2$ Std.) einmündet. Rückkehr auf Fahrweg von Rondvassbu zum See Indretjørni, ca. $2^1/_4$ Std.

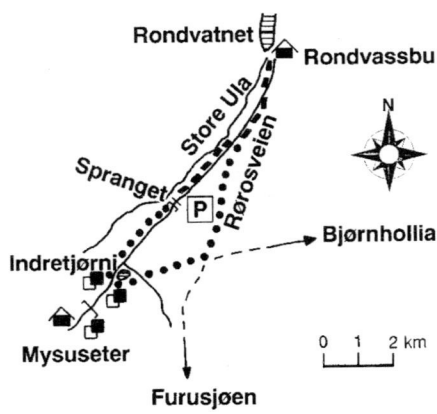

57. Storronden und Rondslottet

a) Storronden

Leichte Bergtour; Parkplatz Spranget – Hütte Rondvassbu $1^1/_2$ Std.; 90 Hm. Rondvassbu – Storronden $2^1/_2$ Std.; 960 Hm; Karten: Rondane, 1718 I Rondane.

Zufahrt und Wegverlauf bis Rondvassbu siehe Tour Nr. 56. Von der Brücke bei Rondvassbu nordöstl. in einigen Serpentinen den Hang hinter der Hütte hinauf. Bald zweigt re. Weg zur Hütte

Bjørnhollia ab. Li. halten zum Fuß des W-Rückens des Storronden. Nach ³/₄ Std. (ca. 1400 m) weitere Weggabelung. Re. (O) vielbegangener Steig über Schutt und Blockwerk zum Storronden (2138 m, 2¹/₂ Std. ab Hütte); links (N) Steig zum Rondslottet.

b) Rondslottet

Mäßig schwierige Bergtour; 4–5 Std.; 1150 Hm (ab Hütte); Karten: Rondane, 1718 I Rondane.

Zufahrt und Zugang zur Hütte Rondvassbu (1173 m) s. Tour Nr. 56.

Wegverlauf: Von Rondvassbu wie bei Tour Nr. 57 zur Weggabelung zwischen Storronden und Rondslottet. Li. halten, kurz ansteigen und dann hinunter in das kesselförmige Tal Rondholet. 2 km kaum ansteigend das Tal aufwärts. Steig selten sichtbar, nur einzelne Markierungen. Vom Talschluß über Gesteinsschutt steil zum verblockten Grat und Gipfel des Vinjeronden (2044 m), den S-Gipfel des Rondslottet. Dem Grat zum Rondslottet nördl., teils ausgesetzt folgen. Zunächst ca. 100 Hm Abstieg, dann Aufstieg zur breiten Gipfelkuppe des Rondslottet (2178 m, 4¹/₂ Std. ab Hütte, 6 Std. ab Spranget).

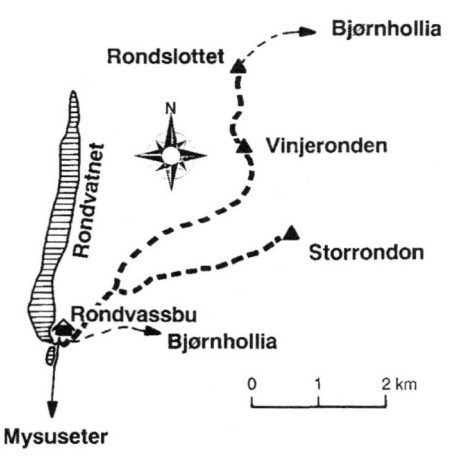

58. Veslesmeden

Leichte Bergtour; 3 Std.; 840 Hm ab Rondvassbu;
Karten: Rondane, 1718 I Rondane.

Zufahrt und Zugang zur Hütte Rondvassbu s. Tour Nr. 56.

Wegverlauf: Von der Hütte Rondvassbu Wegweiser „Dørålseter"
folgen. Westl. Bach und Seeabfluß auf Brücke überqueren. Li.
zweigt Weg zur Peer Gynthytta ab. Re. halten, kleine Schlucht
Jutulhogget durchqueren. Bei weiterer Weggabelung wieder re.
(li. ins Tal Langholet). Nach ca. $1^1/_4$ Std. zweigt li. hinauf (beschildert) Steig zum Veslesmeden ab. Über steileres Schuttfeld zum
SO-Grat und über diesen zuletzt steil zum Gipfel (2015 m; 3 Std.
ab Rondvassbu und $4^1/_2$ Std. ab Parkplatz Spranget).

Variante für Abstieg: Bis Weggabelung zurück und von hier nördl.
markiertem Weg zu Hütten Dørålseter folgen. Ca. 100 Hm Aufstieg
zum Rondhalsen (1674 m), dann steiler Abstieg zum N-Ufer des
Sees Rondvatnet, $2^1/_2$ Std. Der markierte Weg erreicht erst nördl.
des See-Endes den Talboden. Entweder weglos zum See absteigen oder auf Talboden zum See zurückgehen. Mit Seetaxi zur
Hütte Rondvassbu; Auskunft, ob und wann Fahrten, in Hütte ein-
holen.

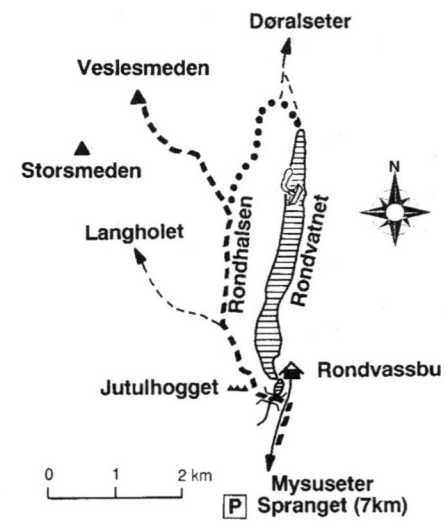

59. Store Ula

Leichte Rundwanderung; 2 Std. (gesamt); 180 Hm;
Karten: Rondane, 1718 I Rondane.

Zufahrt: Wie bei Tour Nr. 56 nach Mysuseter und 1,3 km der Mautstraße Richtung Rondvassbu folgen.

Wegverlauf: Grün markierter Steig beginnt li. (W) der Straße, Hinweistafel „Bergetjønn". Bohlenweg durch moorige Passage zum See Bergetjønn. Westl. des Sees grüner Markierung ca. 100 m abwärts folgen, bis Weg auf Fahrstraße trifft, die von Mysuseter kommt. Straße re. (N) folgen; jetzt blaue Markierung. Straße endet nach wenigen min beim Fluß store Ula ($^1/_2$ Std.). Blau markiertem Weg am rechten Ufer (in Gehrichtung) flußaufwärts folgen. Nach $^1/_4$ Std. mündet von re. Fahrweg, der in $^1/_4$ Std. direkt zum Ausgangspunkt der Tour führt (als Rückweg benützen).

Zunächst Fahrweg li. zu einigen Hütten folgen, Brücke über Betonrohr queren, wo Straße endet. Am rechten Ufer über der schluchtartig eingegrabenen store Ula flußaufwärts zum Wasserfall Bruresløret und ca. $^1/_4$ Std. weiter flußaufwärts. (Der Weg folgt dem Fluß und mündet beim Parkplatz Spranget in Mautstraße, s. Tour Nr. 56.)

Retour flußabwärts den gleichen Weg benützen und über den erwähnten Fahrweg li. (SO) zum Ausgangspunkt zurück oder (Variante) zum Spranget und auf Straße zurück.

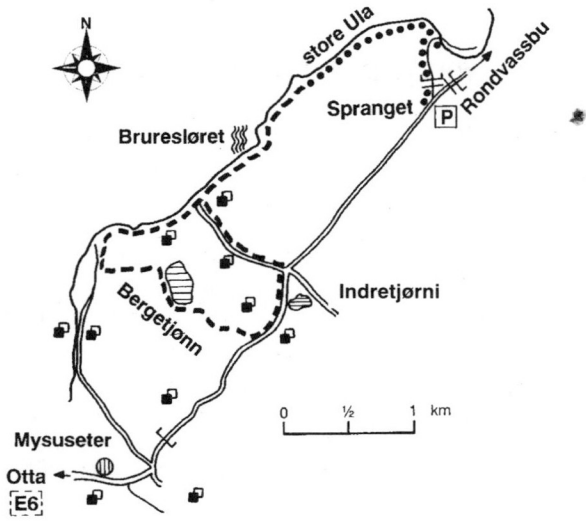

60. Erdpyramiden im Uladalen

Leichte Wanderung; $^1/_4$ Std.; 60 Hm; Karte: Rondane.

Zufahrt: Von Mysuseter (s. Tour Nr. 56) das Uladalen etwa 6 km talabwärts oder von E6 bei Selsverket ca. 2 km talaufwärts (Mautstraße). Am Straßenrand Tafel mit Symbol für Sehenswürdigkeit und Aufschrift „Kvitskriuprestene".

Wegverlauf: Bezeichnetem Steig von Straße nördl. den steilen Hang hinauf zum Rand des weißlichen Moränenhanges mit den Erdpyramiden folgen ($^1/_4$ Std.).

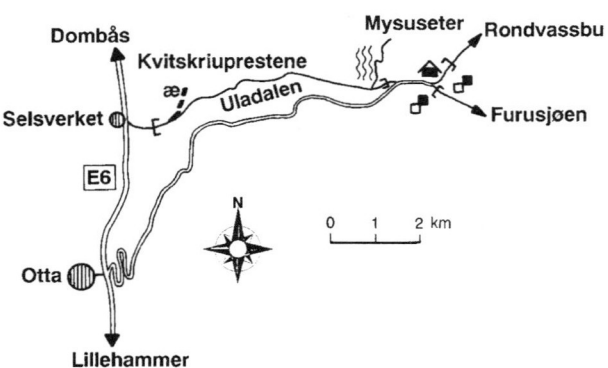

61. Peer Gynthytta und Bråkdalsbelgen

a) Peer Gynthytta

Leichte Wanderung; 1 Std.; 160 Hm (ab Smuksjøseter);
$2^1/_2$ Std.; 310 Hm (ab Høvringen); Peer Gynthytta – Ljosåbui;
1 Std.; 250 Hm;
Karten: Rondane, 1718 I Rondane und 1718 IV Otta.

Zufahrt: 18 km nordwestl. von Otta bei Rosti von E6 hinauf nach Høvringen abzweigen; 8 km zu großem Parkplatz. Zufahrt bis Smuksjøseter über 6 km lange Mautstraße möglich.

Wegverlauf: Vom großen Parkplatz in Høvringen (ca. 980 m) der Straße kurz folgen, bis in Linkskurve Weg nach Smuksjøseter abzweigt. Dem Fluß Høvringsvåi kurz am rechten, dann am linken Ufer aufwärts folgen. Beim See Høvringsvatnet mündet Weg in

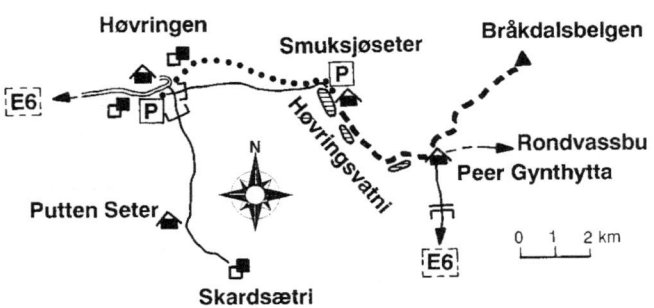

Mautstraße, der man knapp 1 km am Seeufer zum Berggasthof Smuksjøseter folgt ($1^1/_2$ Std., bis hierher auch mit Pkw). Über weitem Talboden markiertem Weg entlang der 3 Seen Høvringsvatni folgen. Auf Brücke die kleine Schlucht des Flusses vesle Ula überqueren und zur Peer Gynthytta (ca. 1100 m, 1 Std.). Wer T-markierten Steig in Richtung Rondvassbu folgt, kommt zur Steinhütte Ljosåbui (ca. 1350 m, 1 Std.).

b) Bråkdalsbelgen

Leichte Bergtour; $3^1/_4$ Std.; 940 Hm;
Karten: Rondane, 1718 I Rondane und 1718 IV Otta.

Zufahrt und Zugang zur Peer Gynthytta wie unter a).

Wegverlauf: Von Peer Gynthytta (ca. 1100 m) dem Fluß vesle Ula ca. 1 km nördl. flußaufwärts und dem 1. Nebenfluß re. (O) folgen. Nach ca. $^1/_2$ km Fluß überqueren und nördl. zum Kamm aufsteigen, über den der 1915 m hohe Gipfel des Bråkdalsbelgen erreicht wird. Weg viel begangen, aber nicht markiert ($2^1/_4$ Std. ab Peer Gynthytta).

Tips für Radfahrer – westliche Rondane

Die alten Almwege auf den Hochflächen im O der Rondane und des Gudbrandsdalen sind ideal für Radtouren (Naturstraßen). Von Høvringen (vgl. Tour Nr. 61) sind die Mautstraßen nach Smuksjøseter, Putten Seter und Skardsætri lohnend. In Mysuseter (vgl. Tour Nr. 56) zweigen Mautstraßen zum See Furusjøen und zur Hütte Rondvassbu ab; der letzte, 7 km lange Abschnitt zur Hütte liegt im Nationalpark und ist für motorisierten Verkehr gesperrt. Nordseter, oberhalb von Lillehammer gelegen, bietet viele Radwege. Fahrradverleih (vgl. Tour Nr. 54).

62. Muen

Unschwierige Wanderung; 1 Std.; 370 Hm;
Karte: 1818 III Ringebu.

Zufahrt: 5 km nordöstl. von Ringebu an E6 auf Straße Nr. 27 nördl. zum Ringebufjellet hinauf abzweigen. Straße ca. 25 km über Hochebene folgen bis zu großem Parkplatz knapp unter Paßhöhe. Westl. der Straße liegt der große See Muvatnet, östl. ein Rast- und Parkplatz (ca. 1050 m, Schleife der alten Straße).

Wegverlauf: Dem vielbegangenen, mit roten Pfeilen und Punkten markierten Weg östl. zum markanten Kegelberg Muen folgen. Im unteren, flachen Teil verlaufen oft mehrere Wege parallel. Nach ca. $^1/_4$ Std. wird der T-markierte Lillehammer-Rondane-Pfad gequert, der am Fuß des Muen verläuft (nicht diesem T-markierten Steig folgen!). Zur Südflanke des Muen aufsteigen und diese durchqueren bis zum Osthang, wo der Aufstieg über Gesteinsschutt und Steinblöcke zum Gipfel leitet (Steinmänner, 1424 m, 1 Std.).

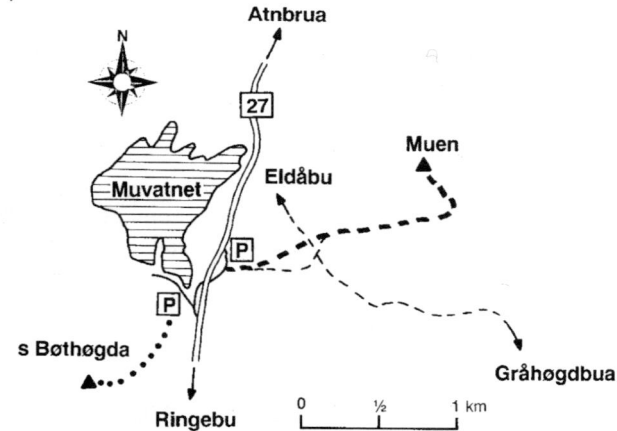

63. Tal der Atna

Leichte Wanderung; 2 Std.; 150 Hm;
Karten: Rondane, 1718 I Rondane.

Zufahrt: Von Straße Nr. 27 abzweigen und auf 12 km langer Mautstraße zu den Hütten Dørålseter (ca. 1060 m).

Wegverlauf: Die letzten 8 km des Fahrweges.

64. Dørålseter – Rondvassbu

a) See Rondvatnet und Bootsfahrt: *Leichte Wanderung; 3 Std.; 180 Hm.*

b) Rondhalsen – Rondvassbu: *Leichte Bergtour; 5 Std.; 600 Hm; Karten: Rondane, 1718 I Rondane.*

Zufahrt: Zu den Hütten Dørålseter wie bei Tour Nr. 63.

Wegverlauf: a) Wanderung und Bootsfahrt: Von Dørålseter (ca. 1060 m) Wegweiser „Rondvassbu" ins Tal der Atna ca. $^1/_4$ Std. flußaufwärts (stellenweise morastig) zu Weggabelung folgen: Geradeaus (SW) nach Høvringen, li. zum Fluß hinunter und über Brücke nach Rondvassbu. Weitere Weggabelung: li. über Moräne steil hinauf zum Høgronden, geradeaus (SW) unser Weg zum Rondvatnet.

Auf Stegbrücke über den Nebenbach Bergedalsbekken. Nach $^1/_2$ Std. weitere Weggabelung: re. der längere Weg über das Kar Langholet zur Hütte Rondvassbu; wir bleiben li. am W-Ufer des Baches Bergedalsbekken. Fast ohne Steigung zur Wasserscheide bei den Seen Bergedalstjørnin (1233 m). Li. zweigt Weg zur Hütte Bjørnhollia ab; re. halten und durch das Rondvassdalen zum

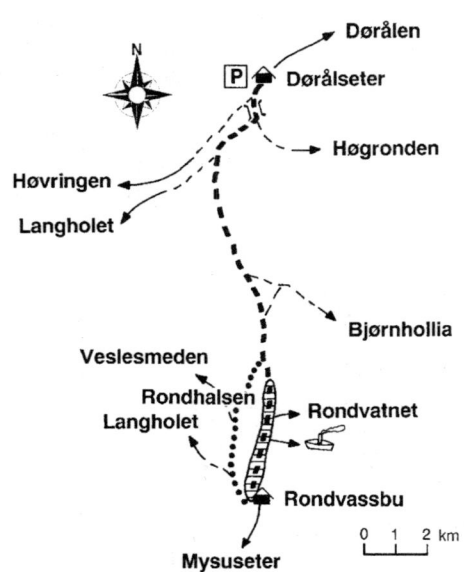

N-Ufer des Sees Rondvatnet (1167 m). Mit Seetaxi (Abfahrtszeiten in Døralseter erfragen!) zu Hütte Rondvassbu am S-Ufer des Sees.

b) Døralseter – Rondhalsen – Rondvassbu (Variante)

Wie oben beschrieben, bis 1 km vor dem Nordufer des Sees Rondvatnet der Steig westl. des Tales zuerst steiler, dann flacher zum Rondhalsen (1647 m) hinaufführt. Zur Hütte Rondvassbu absteigen, wie in Tour Nr. 58 beschrieben; insgesamt 5 Std., Kombination von a) und b) als Rundweg lohnend.

65. Skranglehaugan und Høgronden

a) Skranglehaugan: *Leichte Wanderung; $^1/_2$ Std.; 40 Hm.*

b) Høgronden: *Unschwierige Bergtour; $4^1/_2$ Std.; 1060 Hm; Karten: Rondane, 1718 I Rondane.*

Zufahrt: Wie bei Tour Nr. 63 zu den Hütten Døralseter.

Wegverlauf: a) Von Døralseter (ca. 1060 m) südwestl. im Tal der Atna ca. $^1/_4$ Std. flußaufwärts bis Wegweiser und Weggabelung. Geradeaus nach Høvringen, li. zum Fluß hinunter, unser Weg. Fluß auf Brücke überschreiten, am anderen Ufer kurz flußaufwärts zu weiterer Weggabelung. Geradeaus nach Rondvassbu, li. abzweigend den steilen Steig (schon beim Anmarsch sichtbar) über Moränenflanke ca. 40 Hm hinauf zu den Toteislöchern Skranglehaugan

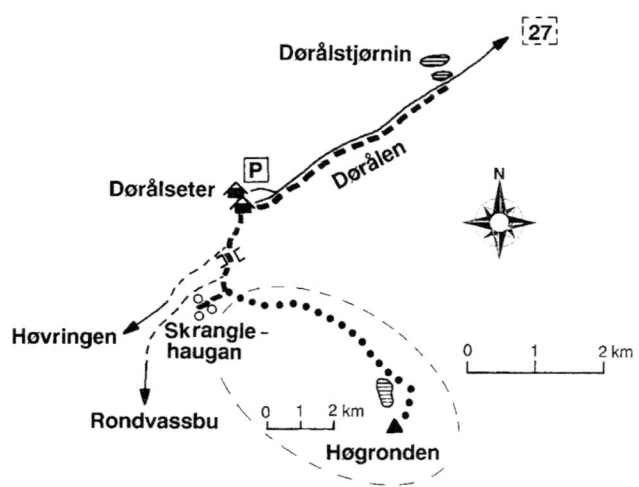

(ca. 1100 m). Für Besichtigung der Toteislöcher ca. $^1/_4$ Std. weglos gegen SW wandern.

b) Für Besteigung des Høgronden markiertem Steig weiter südöstl. in das breite Tal Vidjedalen folgen. Am in Gehrichtung rechten Bachufer leicht steigend aufwärts. Zu querende Nebenbäche für Bergschuhe oft zu tief. Weite Hochfläche überqueren bis zum Kar Midbotn mit Karsee (1461 m). Vom See südöstl. halten und zum verblockten NO-Grat hinauf. Über diesen, zuletzt steil, zum Gipfel des Høgronden (2114 m, insgesamt $4^1/_2$ Std.).

66. Dørålsglupen und Stygghøin

Leichte Bergtour; $1^3/_4$ Std.; 580 Hm;
Karten: Rondane, 1718 I Rondane.

Zufahrt: Wie bei Tour Nr. 63 zu den Hütten Dørålseter.

Wegverlauf: Von der oberen Dørålseter-Hütte (ca. 1060 m) Wegweiser „Grimsdalshytta" und markiertem Weg den Hang hinter der Hütte hinauf folgen. Im oberen Teil führt Weg durch die Schlucht Dørålsglupen, die den tiefsten Einschnitt im Kamm der Stygghøin bildet. Über Blockwerk durch die Schlucht und sobald Gelände es erlaubt, markierten Weg re. (O) verlassen und zur nächstgelegenen, namenlosen, 1639 m hohen Kuppe im Kamm der Stygghøin aufsteigen, $1^3/_4$ Std.

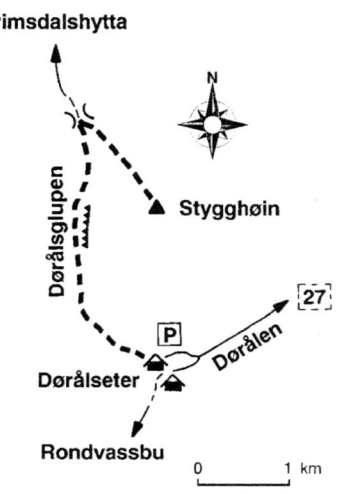

67. Røros – Stadt- und Bergwerksbesichtigung

Tips für Radfahrer – Ringebufjellet und östliche Rondane

Die 19 km lange Strecke des Rondevegen (Asphaltstraße, Nr. 27) über das Ringebufjellet von Lunde bis Enden verläuft im freien Gelände (vgl. Tour Nr. 62). Straße Nr. 27 führt nördl. durch das kaum besiedelte Tal der Atna. Der Oberlauf der Atna (Dørålen) mit den Hütten Dørålseter wird über eine 12 km lange, landschaftlich großartige Mautstraße erreicht (s. Tour Nr. 63). Vom Tal der Atna zweigt ein für motorisierten Verkehr gesperrter, schottriger Fahrweg zur Hütte Bjørnhollia ab.

68. Dovrefjell – Vårstigen und Magalaupe

a) Vårstigen (Kongeveien): *Leichte Wanderung; 1¹/₂ Std.; 100 Hm; Karte: Snøhetta, 1519 IV Snøhetta.*

Zufahrt: Von der Raststätte Kongsvoll am Dovrefjell der E6 ca. 5 km nördl. folgen bis zu Parkplatz mit Info-Tafel. Hier beginnt das Teilstück „Vårstigen" des alten Königsweges (Kongeveien).

Wegverlauf: Dem Kongeveien erst ansteigend, dann eben und absteigend durch den steilen Hang hoch über der E6 und dem Fluß Driva 7 km nach N folgen, wo er wieder in E6 mündet. Erster Streckenabschnitt (ca. 3 km) ist der lohnendste, insgesamt 1¹/₂ Std.

b) Magalaupe: *Kurzwanderung; 10 min.*

Zufahrt und Wegverlauf: Im Drivdalen, durch das die E6 vom Dovrefjell nach Oppdal führt, bei Engan (Schild „Magalaupe") li. (W) auf Nebenstraße abzweigen und bis zu Parkplatz vor Bauernhof. Östl. des Flusses bleiben, nicht über Brücke zum Campingplatz Magalaupe fahren!

Vom Parkplatz in wenigen min zum Fluß Driva hinunter, der hier die Schlucht Magalaupe bildet.

69. Fokstumyra

Leichte Rundwanderung; 2 Std. (gesamt); 20 Hm;
Wegverlauf auf Informationstafel in Fokstua.

Zufahrt: Auf E6 ca. 11 km von Dombås nordöstl. zur Bahnstation Fokstua, li. (W) der E6.

Wegverlauf: 6,5 km langer ebener Rundweg durch Naturschutzgebiet Fokstumyra; teils auf Bohlen durch Moore, ca. 2 Std. Anfang Mai bis Anfang Juli während der Brutzeit der Vögel gesperrt.

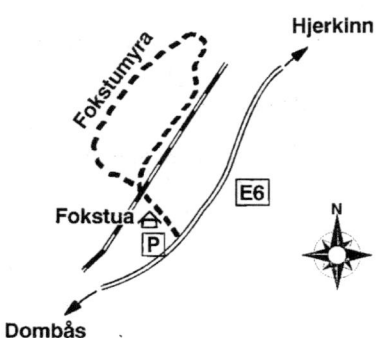

70. Falketind

Leichte Bergtour; 2 Std.; 740 Hm;
Karten: Snøhetta, 1519 III Hjerkinn.

Zufahrt: Von Dombås ca. 21 km auf der E6 zu Raststätte Dovregubbens hall auf dem Dovrefjell.

Wegverlauf: Auto auf großem Rastplatz neben Raststätte (ca. 945 m) abstellen. E6 überqueren und mit Schranken gesperrtem Fahrweg direkt gegenüber südl. folgen. Li. in Nähe des Sees Avsjøen bleiben; re. zweigen Zufahrtswege zu Ferienhütten ab.

Nach ca. $^1/_2$ Std. erreicht man Alm Avsjøseter (ca. 950 m), wo Fahrweg endet. Eingezäunte Alm nicht betreten, sondern re. (W) entlang des Weidezaunes dem ab hier deutlich T-markierten Steig in freiem Gelände den Berghang südl. aufwärts folgen. Sobald breiter Bergrücken erreicht ist, weglos re. (W) zu der nur 100 m höheren Bergkuppe des Falketind (1684 m) aufsteigen. Der markierte Weg führt absteigend zur Grimsdalshytta (994 m, 6 Std. ab E6, auch auf Mautstraße erreichbar).

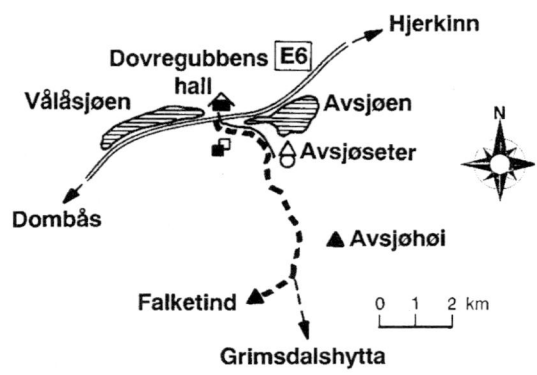

71. Knutshøa

Leichte Wanderung; 2¹/₄ Std.; 790 Hm;
Karten: Snøhetta, 1519 IV Snøhetta.

Zufahrt: Von Dombås auf der E6 zur Raststätte Kongsvoll am Dovrefjell.

Wegverlauf: Etwas südl. der Raststätte Kongsvoll (ca. 900 m) liegt am Berghang ein Alpengarten (Fjellhage). Durch diesen aufwärts, li. halten bis zu Weggabelung: re. mit Holzstangen markierter

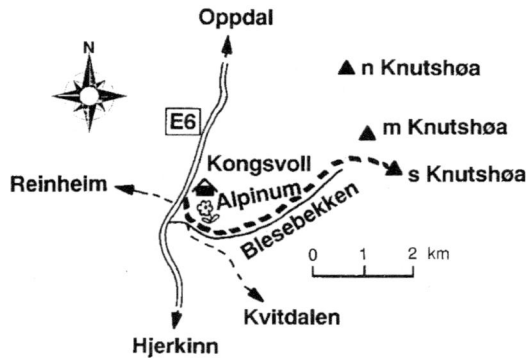

Naturlehrpfad „Natursti", li. T-markierter Steig nach Kvitdalen und zum Knutshø (bzw. Knutshøa, Hinweistafel). Bald weitere Weggabelung: T-markierter Weg leitet re. nach Kvitdalen, wir bleiben auf dem linken Ufer des Baches Blesebekken und folgen ihm aufwärts. Zuletzt auf Steigspuren auf die breite, 1690 m hohe Kuppe des søndre Knutshøa ($2^1/_4$ Std.).

72. Trolle

73. Gjevilvatnet

a) Gjevilvatnet: *Leichte Seeuferwanderung; 2 Std.; 50 Hm; Karte: Trollheimen.*

b) See Kamtjørnin: *Leichte Bergtour; 3 Std.; 500 Hm; Karte: Trollheimen.*

Zufahrt: Von Oppdal an E6 auf Straße Nr. 70 7 km Richtung Sunndalsøra. Nördl. gegen Nerskogen abzweigen; nach ca. 5 km li. (W) Mautstraße zum See Gjevilvatnet. Bei Straßengabelung re. (NW) halten; ca. 9 km zur Hütte Gjevilvasshytta mit Parkplatz (700 m).

Wegverlauf: a) Gjevilvatnet: Ab Hütte zu Fuß oder mit Pkw westl. auf Fahrweg gegen See hinunter. Bald Straßengabelung: li. hinun-

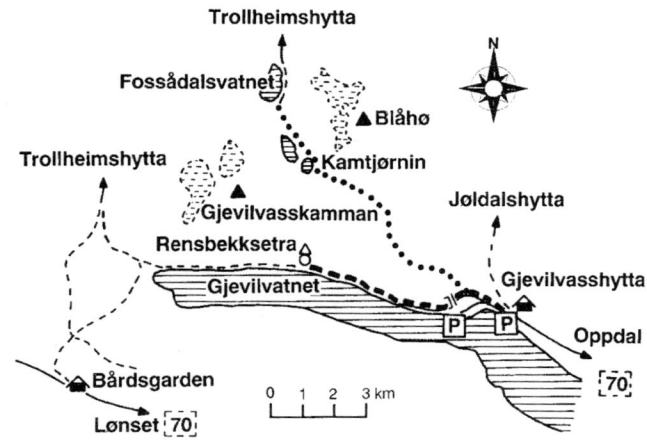

ter zum Seeufer bei Rauøra (Sandstrand, 1,3 km ab Hütte). Re. (W) halten; nach ca. 1 km zweigt bei großem Schotterplatz markierter Weg zur Trollheimshytta (Hinweistafel) und See Kamtjørnin ab (Tour 73b).

Für Seeuferwanderung geradeaus Fahrweg am See in Richtung der Hütte Bårdsgarden (Hinweistafel) folgen. Fahrweg kann noch ca. $^1/_2$ km bis Schranken befahren werden. Ab Schranken ca. 2 Std. am Seeufer westl. zur Alm Rensbekksetra (oder Reinsbekksetra, 660 m). Zu Fuß von Gjevilvasshytta $^1/_2$ Std. länger. Zur Hütte Bårdsgarden 5 Std.

b) See Kamtjørnin: Von Seeuferstraße (ca. 665 m) w. o. beschrieben zu Schotterplatz. Nordwestl. ansteigen und dem Tal des Flusses Gravebekken ins große Talbecken über der Baumgrenze folgen. Dann fast eben am breiten Fluß Tverrbekken entlang zum Karsee Kamtjørnin (1147 m, 3 Std., Stiefel günstig). Trollheimhytta 8 Std.

74. Jøldalshytta

Leichte Wanderung; 1$^1/_2$ Std. (Jøldalshytta 2$^1/_2$ Std.); 50 Hm; Karte: Trollheimen.

Zufahrt: Wie bei Tour Nr. 73 nach Nerskogen. Ca. 7 km nördl. von Nerskogen (Schild Jøldalshytta) zweigt Mautstraße westl. zur Alm Rishaugsetra (bzw. Røgøgjerdsetra) ab.

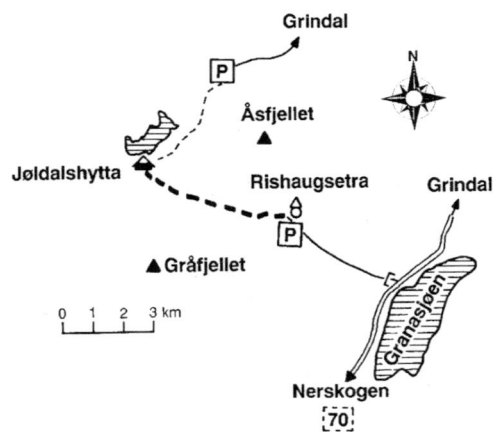

Wegverlauf: Vom Ende der Straße bei Rishaugsetra (ca. 800 m, knapp davor kleiner Parkplatz) dem markierten Weg westl. über die teils moorige Hochebene leicht ansteigend zur Wasserscheide (ca. 850 m, 1¹/₂ Std.) folgen. Gleich nach der Alm ist ein Bach zu überschreiten, weitere folgen, wasserfestes Schuhwerk günstig.

Man passiert kleine Seen, quert den flachen Hang des Gråfjellet und steigt in 1 Std. zur Jøldalshytta (739 m) ab.

75. Gråsjøen

a) Gråsjøen: *Leichte Seeuferwanderung; ca. 1 Std.*
(bis Trollheimshytta 4–5 Std.); fast eben.

b) Snota: *Unschwierige Bergtour; 5¹/₂ Std.; ca. 1220 Hm;*
Karte: Trollheimen.

Zufahrt: Von Orkanger auf Straße Nr. 65 Richtung Kristiansund. Ca. 5 km nach Rindal zweigt bei Kvammen li. (S) bei kleinen Schil-

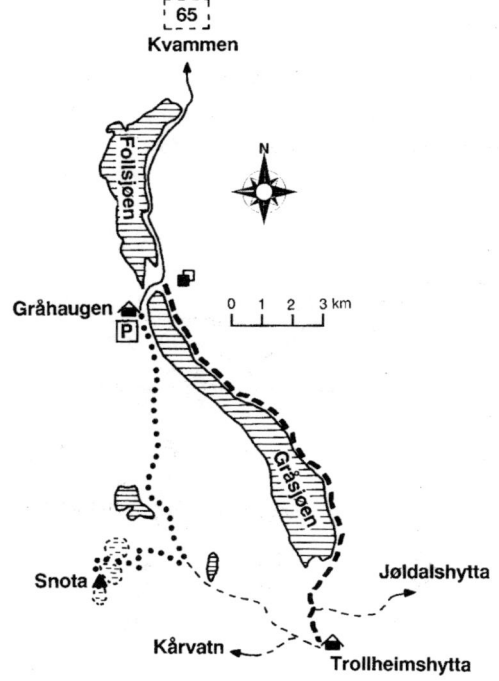

dern „Trollheimshytta, Gråhaugen Fjellstue" 15 km lange Mautstraße zum See Gråsjøen ab. (Beim Vorwegweiser nach „Dønnem"
und „Fiske" ist man schon einige hundert Meter zu weit gefahren!)

Wegverlauf: a) See Gråsjøen: Straße bis zum östl.
Ende des Staudammes vom Gråsjøen folgen. Hier Straßengabelung: re.
Fahrweg auf Krone des Staudammes, li. zu einigen Ferienhütten
mit kleinem Parkplatz (483 m). Hier etwas oberhalb re. am Felsen
T-Markierung und Hinweistafel „Trollheimshytta", 15 km, 45 Std.;
auch Teilwanderung, 1 Std., lohnend.

b) Snota (Variante): Wie bei a) zum Staudamm und über diesen
zur Fjellstue Gråhaugen (ca. 550 m) mit Parkplatz, westl. des Staudammes. Von Gråhaugen ca. 1,3 km Fahrweg am W-Ufer folgen.
Auf markiertem Weg Richtung Trollheimshytta zum Seenplateau
ansteigen, dann ca. 150 Hm abwärts, bis re. (W) markierter Steig
zur Snota abzweigt. Ansteigen zu kleinen Seen und zwischen kleinen Gletschern zur Nordflanke des Berges und über diese zum
Gipfel (1668 m, ca. $5^1/_2$ Std., bis Hochsommer Schneefelder).

76. Innerdalen

a) Innerdalshytta: *Leichte Wanderung; ca. 150 Hm; 1 Std.*

b) Gilkingdalsvatnet: *Leichte Bergtour; $2^1/_2$ Std.; ca. 480 Hm;
Karten: Trollheimen, 1420 III Sunndalsøra.*

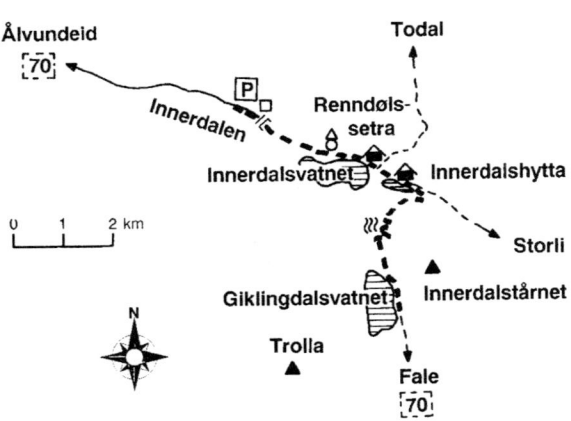

Zufahrt: Von Straße Nr. 70, die Oppdal und Kristiansund verbindet, zweigt 10 km nördl. von Sunndalsøra bei Ålvundeid Straße ins Innerdalen ab. Nach 10 km Parkplatz (ca. 280 m).

Wegverlauf: a) Innerdalshytta: Vom Parkplatz Fahrweg ca. 150 Hm ansteigend, dann leicht absteigend zum Innerdalsvatnet folgen, an dessen Ende Alm Renndølssetra liegt. (Hier zweigt ausgeschilderter Weg hinauf zum Paß Bjøråskardet und Todal ab.) Geradeaus auf Fahrweg zur Innerdalshytta (ca. 400 m, 1 Std.).

b) Gilkingsdalsvatnet (oder Storvatnet): Wie bei a) zur Innerdalshytta. Vorbei an der alten Hütte auf markiertem Steig talaufwärts. Bei Weggabelung re. Schild „Fale" folgen. Hinunter zum See, diesen entlang und nach ca. 10 min ab Hütte Fluß auf Brücke überqueren. Kurz flußabwärts, dann zum Teil auf Holzstegen über mooriges Gelände zum südl. Talhang. Bach Flua folgen und dann in vielen Kehren neben dem Kaskadenfall des Baches aufwärts. Durch moorige Ebene zum See Gilkingdalsvatnet (729 m; $1^1/_2$ Std. ab Hütte). Markierter Weg führt über 1000 m hohen Paß nach Fale an Straße Nr. 70 ($5^1/_2$ Std. ab Innerdalshytta).

Tips für Radfahrer – Trollheimen

Der seenreiche Übergang in rund 800 m Höhe bei Nerskogen (vgl. Tour Nr. 74) ist vom See Skarvatn bis zum See Gråsjøen empfehlenswert (Asphaltstraße mit wenig Verkehr). Von dieser Straße zweigt eine Mautstraße zum See Gjevilvatnet (Sandstrand) ab (siehe Tour Nr. 73). Einen landschaftlichen Höhepunkt bietet das Innerdalen (siehe Tour Nr. 76).

77. Reinsvatnet

Leichte Wanderung; $1^1/_2$ Std.; 30 Hm;
Karte: 1420 III Sunndalsøra.

Zufahrt: Von Sunndalsøra ca. 18 km durch das Litledalen (gesperrt für Busse und Wohnwagen) auf schmaler Schotterstraße zum Hochplateau (ca. 880 m). Unterhalb des Staudammes des Sees Holbuvatnet zweigt bei Tafel mit Bildern vom Bau des Staudammes re. (W, Schild „Vikebotn") Fahrweg ab. Nach ca. 1,5 km Fahrweggabelung: li. in 1,5 km zum Reinsvatnet (re. mit Schranken gesperrt).

Wegverlauf: Vom Straßenende Seeabfluß überqueren und im S des Sees Reinsvatnet (875 m) zur Selbstversorgerhütte Reinsvassbu (ca. 900 m), 1¹/₂ Std. Kurz vor Hütte Fluß Vikebotnelva auf Brücke überqueren. Rundwanderung über Steig im N des Sees möglich.

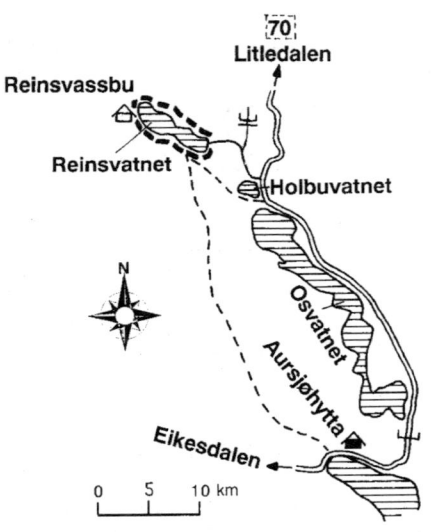

78. Trollstigen

Leichte Bergtour (teils versichert); ab Trollstigen Fjellstue leichte Wanderung; 3 Std.; ca. 650 Hm;
Karten: Romsdalen, 1319 IV Valldal.

Zufahrt: Von Andalsnes Straße Nr. 63 ins Isterdalen. Beim Verkehrsschild „Trollstigen 10%", vor der ersten Serpentine (ca. 220 m), beginnt mit Schildern „Klövstien" und weißem „K" markierter Weg.

Wegverlauf: Auf Brücke (mit Schranken gesperrter Fahrweg) Fluß Istra überqueren und am westl. Ufer leicht ansteigend zum Fuß der Wand. Unterster Teil des Saumpfades führt über teils wasserüberronnene Platten (mit Seilen gesichert) zu Straßenbrücke über Stigfossen. Weg folgt kurz der Straße und leitet in einigen Kehren, immer wieder die Straße querend, durch die Wand zu den Souvenirhäuschen (ca. 700 m) oberhalb der Trollstigen, $1^1/_2$ Std. Von der Trollstigen Fjellstue ca. 200 m der Straße talaufwärts folgen, bis li. (O) der alte Saumpfad (weiße „K") wieder sichtbar. Nach einigen 100 m, wo Bach sich durch Felsschlucht zwängt, wieder hinauf zur Straße. 200 m auf Straße, dann re. (W) hinauf und oberhalb der Straße zur Paßhöhe (870 m, ca. 2,7 km ab Fjellstue). Ca. 1,7 km ab Paßhöhe bei eindrucksvollem Moränenhügel, wo Schotter abgebaut wird, mündet Saumpfad in Straße, ca. $^1/_2$ km nördl. des Gedenksteines für König Håkon VII. In Sommermonaten zweimal täglich Busverbindung über Trollstigen zur Rückfahrt.

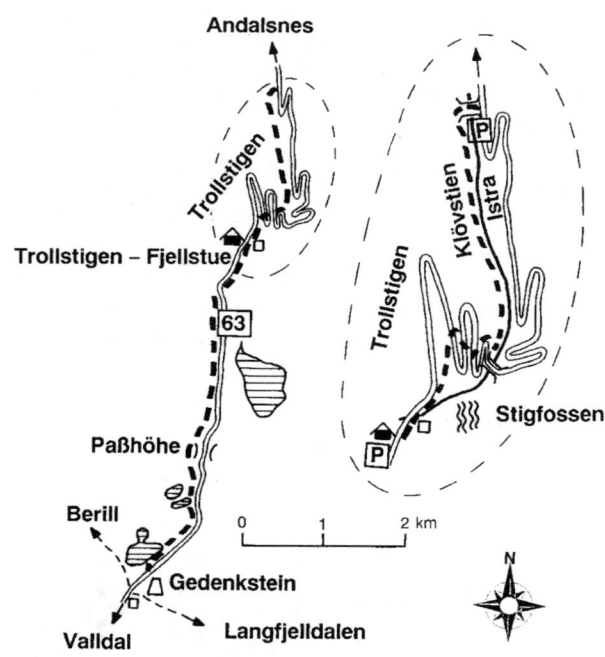

79. Bispevatnet und Bispen

a) Bergsee Bispevatnet: *Leichte Wanderung;* $^3/_4$ *Std.; 300 Hm.*

b) Felspyramide Bispen: *Leichte Bergtour; 2 Std.; 760 Hm; Karten: Romsdalen, 1319 IV Valldal.*

Zufahrt: Von Andalsnes auf Straße Nr. 63 zur Trollstigen Fjellstue (ca. 700 m).

Wegverlauf: a) Bispevatnet: Vom großen Parkplatz bei Fjellstue wenige Schritte auf Straße Richtung Trollstigen und auf Straßenbrücke den Fluß Stigøra überqueren. Am westl. Ufer flußaufwärts bis in Höhe des südl. Parkplatzendes am gegenüberliegenden Ufer. Hier zweigt nicht markierter Steig re. (W) ab. Steil hinauf über breiten grasigen Rücken zwischen dem Seeabfluß Stigøra (li., S) und einem kleinen Bach, der re. (N) über schwarz bemooste Steine herabfließt. Nach $^3/_4$ Std. erreicht man beim Seeabfluß die SO-Ecke des Sees (1002 m).

Ca. 1 km südl. der Fjellstue steht Wegweiser „Bispevatnet" an Straße und einsames rotes T. Von hier (kaum begangen) ist SW-Ecke des Sees auf der anderen Seite des Seeabflusses erreichbar.

b) Bispen: Zufahrt und Wegverlauf bis Bispevatnet wie a). Am O-Ufer des Sees den steilen Hang, der vom Bispen mit Blockfeldern herunterzieht, queren. Die ersten zwei Drittel der Querung am besten ca. 10 bis 20 m über dem Seeufer bleiben. Im letzten

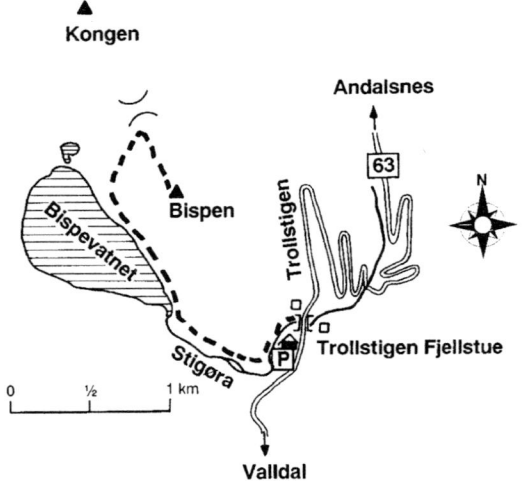

Drittel zieht teilweise sichtbarer Steig gegen die Felswand hinauf und verläuft knapp unter Felsen zum Sattel zwischen Bispen und Kongen. Noch bevor man den Sattel erreicht (nach ca. $\frac{1}{2}$ Std.), leitet ein jetzt gut sichtbarer Steig zum NW-Rücken des Bispen hinauf. Über diesen durch Blockwerk und Felsschrofen mit gelegentlich ganz leichter Kletterei, deutlich mit Steinmännern markiert, zum Gipfel (1462 m, ca. $\frac{3}{4}$ Std.).

80. Breidtind und Trolltindane

a) Trolltindane: *Leichte Bergtour; 2$\frac{1}{2}$ Std.; 840 Hm.*

b) Breidtind: *Leichte Bergtour; 3$\frac{1}{4}$ Std.; 1100 Hm;*
Karten: Romsdalen, 1319 I Romsdalen, 1319 IV Valldal.

Zufahrt: Zur Trollstigen Fjellstue wie bei Tour Nr. 79.

a) Trolltindane

Wegverlauf: Oberhalb der Trollstigen stehen östl. der Straße und des Flusses Stigøra zwei Souvenirhäuschen. Dem asphaltierten Weg, der von hier zur Aussichtsterrasse führt, einige min folgen. Sobald der zunächst leicht ansteigende Weg abzufallen beginnt, auf einen der zahlreichen Steige zwischen zahllosen Steinmännern über kleine Felsabsätze re. (S) aufsteigen. Nach wenigen min er-

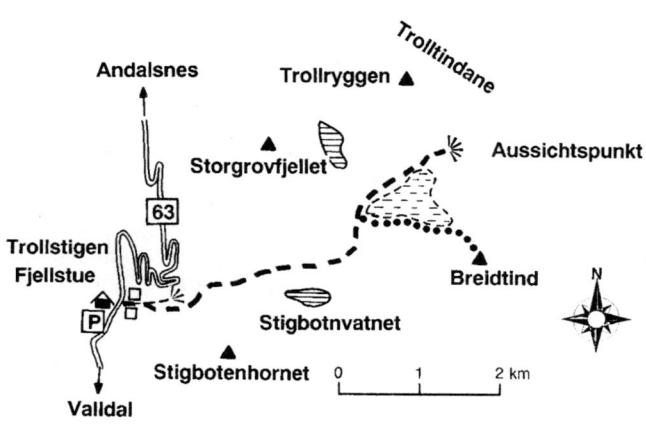

reicht man Terrasse mit flachgeschliffenen Felsbuckeln. Über diese östl. leicht ansteigend auf den Fluß zu, der vor uns in Kaskaden zu Tale stürzt. Sobald sich alle Steige vereint haben, breiter markierter Weg eben zum Fluß und an seiner rechten Seite steil hinauf zum ebenen Talboden. Fluß oberhalb der Quelle (zwei alte Metallstangen) umgehen. Erst über Talboden, dann ansteigend über riesiges Blockfeld (Frühsommer Firnfeld) den N-Hang des Tales hoch über See Stigbotvatnet queren und zur tiefsten Einsattelung im Talschluß (im Blockfeld nur einzelne Markierungen).

Der breite Sattel liegt am Fuß des Felsrückens, der vom Breidtind gegen W herunterzieht. Im Sattel (ca. 1350 m) großer roter Kreis auf Felsblock (2–2$^1/_2$ Std.). Vom Sattel nordöstl. fast eben über Firnfeld und zuletzt steil (meist Firn) in Scharte südl. der bizarren Felstürme und Spitzen der Trolltindane (Aussichtspunkt bzw. Paragleiterpunkt). Bei guter Sicht Orientierung eindeutig. Für Querung des Blockfeldes und letzte steile Firnpassage Stöcke zu empfehlen.

b) Breidtind

Zufahrt und Wegverlauf: Bis zum Sattel (ca. 1350 m, 2–2$^1/_2$ Std.) am Fuß des W-Rückens des Breidtind wie unter a) beschrieben. Über den Rücken unschwierig, aber weglos teils über Firnfelder und Blockwerk, streckenweise mühsam, zum 1797 m hohen Gipfel (1 Std., 450 Hm). Bei hartem Firn und Eis nur mit entsprechender Ausrüstung; bei Nebel nicht zu empfehlen.

Tips für Radfahrer – Litle- und Eikesdalen

Die ersten 9 km im Litledalen weisen geringe Steigung auf (Asphaltstraße); auch im Frühjahr befahrbar; weiterführende Straße schlecht. Die Hochebene zwischen Litle- und Eikesdalen ist zwischen dem See Holbuvatnet und der Auersjøhytta (18 km, Naturstraße) fast eben. Vom N-Ufer des Eikesdalsvatnet leitet eine neu gebaute Asphaltstraße bis Finset (einige kurze Tunnels, s. Tour Nr. 77).

81. Trondheim – Stadtbesichtigung

82. Namskogan

Kurzwanderungen an E6.

a) Besuch der Tiergehege im Familienpark Trones
Zufahrt: Von Grong ca. 50 km auf E6 Richtung Mo i Rana.

b) Naturlehrpfad Namskogan: $^1/_4$ Std.
Zufahrt: 75 km nördl. von Grong an E6.

Wegverlauf: Am Parkplatz (Info-Tafel) im Ort Namskogan beginnt beim Gebäude „Vertshuset Nams-inn" der Steig über eine hölzerne Fußgängerbrücke. Er verläuft am Flußufer parallel zur E6 in Richtung Grong. Gepflegter Weg mit malerischen Rastplätzen, $^1/_4$ Std.

83. Simskarhytta

Leichte Wanderung; 1 Std.; 90 Hm;
Karten: 1925 IV Svennindal, 1925 I Susendalen.

Zufahrt: Ca. 6 km nördl. von Majavatn zweigt von E6 Straße zum „Fiplingvatn" und zur „Børgefjellskolen" ab. Neue Straße führt hoch über See øvre Fiplingvatn, alte Straße am See; beide vereinigen

sich. Am See-Ende Straßengabelung: gerade (N) zu Straße Nr. 73, re. (O) neue Straße über Brücke zwischen øvre und nedre Fiplingvatn. Ca. 15 km ab E6 zu einer Wegspinne, von der 3 Straßen und 1 Feldweg abzweigen. Mittlere Straße (O) wählen, die nach ca. 100 m das N-seitige Ufer des Flusses Simskarelva erreicht. Am Ufer flußaufwärts; nach ca. 2 km re. unten im Flußtal Hängebrücke und 2 neue Stegbrücken mit massiven Seitenwänden für Ziegen. Ca. 3 km ab Wegspinne re. des Fahrweges (der bald darauf bei Ziegenalm endet) eingezäunter Parkplatz (ca. 370 m) und Info-Tafel.

Wegverlauf: Im Zaun, auf der der Straße abgewandten Seite, Türe und Wegweiser „Simskaret". Von hier auf nicht markiertem, aber deutlich sichtbarem Steig am N-seitigen Ufer flußaufwärts. Nach $1/_2$ Std. führt Steig ganz zum Flußufer (Nationalparkgrenztafel). Einige morastige Stellen; zum Schluß ansteigend und auf 2 Hängebrücken erst Nebenfluß, dann Fluß Simskarelva überqueren und zur kleinen, unbewirtschafteten Simskarhytta (ca. 460 m). Weglose Wanderung flußaufwärts ins Simskaret und zum See Simskarvatnet (877 m, 2 Std. ab Hütte) für Bergerfahrene lohnend.

84. Leirskardalen

Leichte Wanderung; 2$^1/_2$ Std.; 360 Hm;
Karten: 1927 II Korgen, 2027 III Storakersvatnet.

Zufahrt: In Korgen von E6 ins Leirskardalen (Schild) abzweigen. 15 km zu letztem Hof und 1,7 km auf Kraftwerkstraße (Schild „Auf eigene Gefahr") durch Weidegatter und über Talstufe zu ebenem

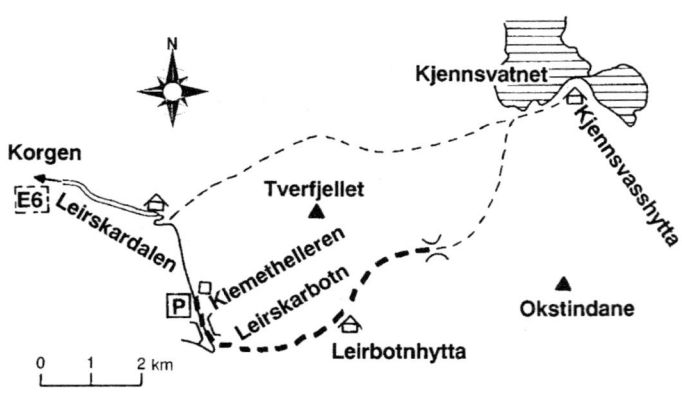

Talboden. Li. der Straße kleiner Parkplatz (ca. 400 m), einige Meter danach Wegweiser „Klemethelleren" zu idyllischem Platz re. (O) des Flusses.

Wegverlauf: $1/_4$ Std. der Straße folgen, bis Hinweisschild „Leirbotnhytta" und Markierung li. (O) hinunter zum Fluß Leirskarelva weist. Fast eben am S-Ufer der Leirskarelva talaufwärts, teils morastig. Bach auf Steg überschreiten und zur winzigen, unbewirtschafteten Leirbotnhytta (ca. 760 m, 1 Std.). Gleich hinter Hütte auf Steg Bach überqueren und durch Birkenwald schräg aufwärts. Wo Fluß Leirskarelva unter riesigen Steinblöcken verschwindet, über die Blöcke auf die nördl. Talseite queren. Über breiten Talhang im freien Gelände aufwärts in Sattel (ca. 760 m, $1^1/_4$ Std.). Der markierte Weg leitet hinunter zur Kjennsvasshytta.

Tips für Radfahrer – Trondheim bis Mo i Rana

Einsamkeit erlebt man bei der Umrundung des nedre Fiplingvatn. 6 km nördl. von Majavatn zweigt Naturstraße zum øvre Fiplingvatn ab (vgl. Tour Nr. 83).

Von Korgen an der E6 führt die Asphaltstraße Nr. 806 durch das Tal der Røssåga 22 km nach Bleikvasskali. Der riesige See Røssvatnet ist von hier auf 2 Naturstraßen in je 18 km zu erreichen (Røssbu oder Richtung Hattfjelldal).

85. Nationalpark Saltfjellet-Svartisen

86. Austerdalsisen

Fuß der Gletscherzunge Austerdalsisen:

Leichte Wanderung; $3/_4$ Std.; 130 Hm;
Karten: Saltfjellkartet, 1928 II Svartisen.

Variante: Anstieg über Felsrücken: *Leichte Bergtour; $1^3/_4$ Std.; 530 Hm.*

Zufahrt: Von Mo i Rana ca. 10 km Richtung Fauske; Wegweiser „Svartisen" zu großem Parkplatz mit Info-Tafel, auf der Fahrzeiten des Motorbootes über See Svartisvatnet und Führungszeiten in Grotten angeschlagen sind. Ca. 21 km zu kleinem Parkplatz am Svartisvatnet und mit Motorboot zum W-Ende des Sees. (Falls Boot nicht fährt, am N-Ufer des Sees 3,5 km auf teils verwachsenem Steig.)

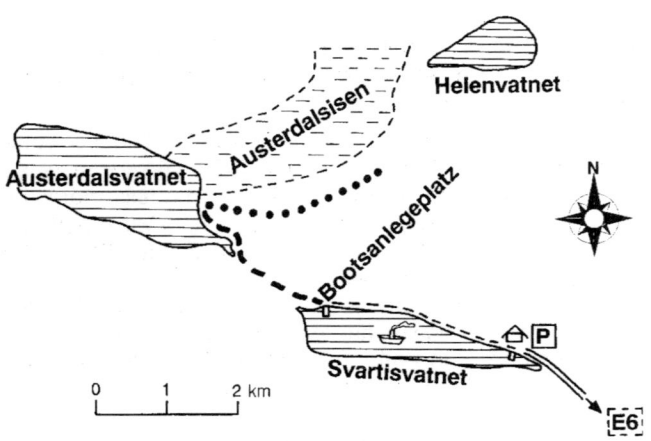

Wegverlauf: Vom W-Ende des Svartisvatnet (75 m) auf markiertem Weg zum Austerdalsvatnet (208 m) und über Seeufer zum Gletscherfuß des Austerdalsisen ($^3/_4$ Std.).

Variante: Von hier den östl. des Sees liegenden gestuften Felshang hinauf. Man folgt schräg ansteigenden Bändern, die von mehrere Meter hohen Felsstufen unterbrochen sind, und steigt, wo es leicht möglich (gelegentlich mit Steinmännern markiert), unschwierig zum nächsthöheren Band auf. Immer wieder leichte Durchstiege mit treppenförmig geschichtetem Gestein. Am besten an der der Gletscherzunge zugewandten Seite bleiben (ca. 1 Std., ca. 600 m). Route beim Aufstieg einprägen, da Durchstiege von oben schlecht zu sehen; bei Nebel abzuraten.

87. Stormdalen

Leichte Wanderung; 1–3 Std.; 170 Hm; Karte: Saltfjellkartet.

Zufahrt: Von Mo i Rana ca. 48 km auf E6 nördl. zum kleinen Ort Storvoll mit Info-Tafel über Wegverlauf. Knapp 1 km vor dem Ort steht an E6 große Tafel, die Rastplatz und Information über Nationalpark in Storvoll ankündigt. Gegenüber der Tafel am Fluß kleiner Parkplatz oberhalb einer Hängebrücke.

Wegverlauf: Vom Parkplatz (150 m) Fluß auf Hängebrücke überqueren, auf breitem Weg durch Birkenwäldchen zum letzten bewirtschafteten Bauernhof. Hier dem geschnitzten Schild „Stormdalen" folgen. Weg nicht markiert, aber deutlich sichtbar. Nach ca. $^1/_2$ Std.

re. kurzer Abstecher (10 min) zum verlassenen Hof Grannes möglich. Fast eben ca. 6,5 km durch das Tal zum letzten verlassenen, restaurierten Hof im Stormdalen (320 m); teils morastig, auch einstündige Teilwanderung lohnend.

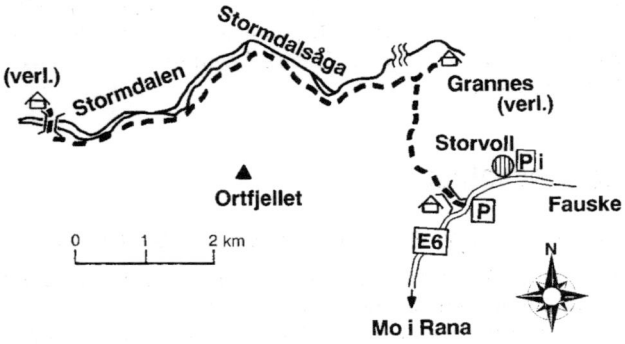

88. Junkerdalen

Leichte Wanderung; 1 Std. (4 Std. bis Lønsdal); 290 Hm; Karte: Saltfjelletkartet.

Zufahrt: 113 km nördl. von Mo i Rana zweigt re. (O) von E6 Straße Nr. 77 ins Junkerdalen ab. Vorbei an Junkerdalen-Touristenzentrum und Zollstation zur schwedischen Grenze. Nach ca. 20 km re. (W) zur Graddis-Fjellstue abzweigen (2 km).

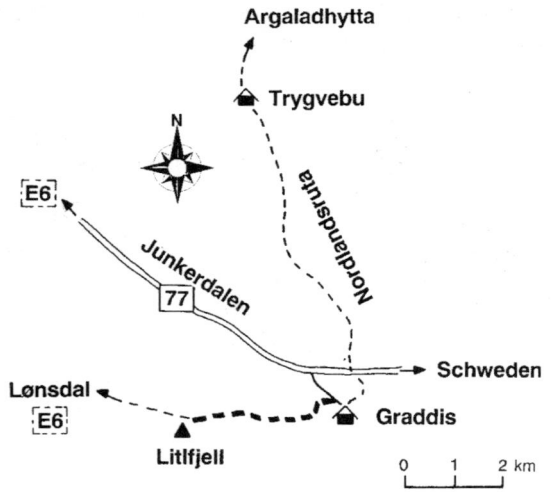

Wegverlauf: Vom Parkplatz bei Fjellstue (ca. 440 m) wenige min Straße zurückgehen (Wegweiser „Lønsdal"), bis markierter Weg nach kleinem Bach li. (W) hinauf abzweigt. In 1 Std. zum höchsten Punkt des Litlfjell (725 m).

Weiterer Weg bis Lønsdal an E6 noch 3 Std.; nach ca. $1^1/_2$ Std. mündet Weg vom Junkerdalen-Touristenzentrum ein. Weg ist Teil der Nordlandsruta. Lohnende Teilstrecke führt auch von Graddis zur Hütte Trygvebu.

89. Storskogvatnet

Leichte Bergtour; $3^3/_4$ Std.; 250 Hm; Karte: 2129 I Sisovatn.

Zufahrt: Ca. 25 km nördl. von Fauske zweigt bei Riksveg von E6 unmittelbar hinter dem 1. Tunnel am Tørrfjorden eine Straße nach Nordfjord und dem Rago-Nationalpark ab (Wegweiser taucht am Ende der Tunnelröhre unvermittelt auf!). Straße 6,5 km zum Straßenende bei wenigen Häusern und Campingplatz von Lakshola (9 m) folgen.

Wegverlauf: Kleiner Parkplatz bei Schuppen, an dessen Rückwand Wegweiser zum Rago-Nationalpark. Durch Weidegatter markiertem Weg südöstl. ansteigend folgen. Weg führt zum Fluß Laksåga und an dessen südl. Ufer fast eben flußaufwärts. Nach ca. 1 Std. auf Hängebrücke zum nördl. Ufer wechseln und im Talboden weiter. Dann am Rand eines Nebenflusses, der über glatte Felsplatten herabstürzt, steil aufwärts über geneigte, mit Baumstämmen bequem gangbar gemachte Felsplatten.

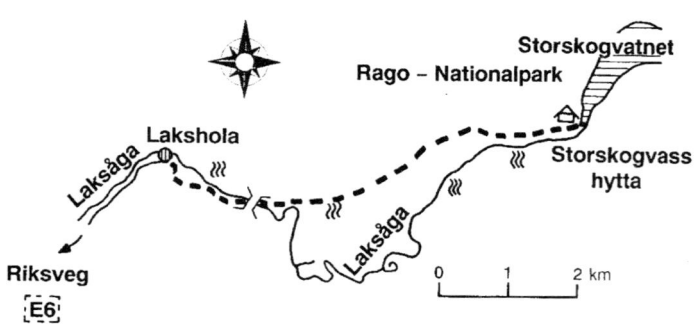

Über moorigen Talboden zu Tafel, die Beginn des Nationalparks anzeigt. Bis hierher rote Markierungen, im Nationalpark gelbe. In 220 m erreicht man Hochplateau über Laksåga und fast eben, teils absteigend die unbewirtschaftete Storskogvasshytta am großen See Storskogvatnet (193 m, $3^{1}/_{2}$ – 4 Std.).

90. Tysfjorden

a) Felszeichnungen bei Bognes: *Leichte Wanderung; 5 min.*

Zufahrt: 2 km südl. von Bognes (Fährschiffablegestelle an E6 über Tysfjorden) zweigt 5 km lange Straße nördl. nach Korsnes ab. Nach 3 km Info-Tafel und Wegweiser „Helleristninger".

Wegverlauf: Li. (W) rotem Pflock, Steinmännern und Plastikschleifen an Bäumchen über Felsplatten 5 min zu Felszeichnungen folgen.

b) Küstenwanderung: *Leichte Wanderung; $^{3}/_{4}$ Std.; 30 Hm; Karte: 1231 I Lødingen.*

Zufahrt: Wie bei a) nach Korsnes. Im Ort Straßengabelung: Li. Straße zur Kirche hinauf folgen. Bei weiterer Straßengabelung

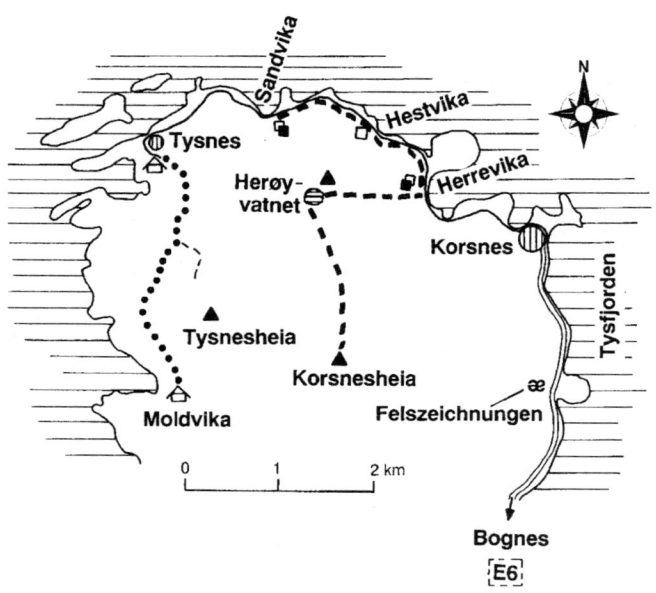

direkt vor Kirche re. Straße Richtung Tysnes fahren. 1 km nach Kirche überquert man Steinbrücke, nach weiteren $^1/_2$ km re. (O) große Sandbucht Herrevika mit Pkw-Abstellmöglichkeit.

Wegverlauf: Von Herrevika (0 m) auf Straße oder direkt an Küste $^3/_4$ Std. Richtung Tysnes N-Küste entlang wandern bis zur Sandbucht Sandvika.

c) See Herøyvatnet: *Leichte Wanderung; $^1/_2$ Std.; 150 Hm;* **Korsnesheia:** 1 Std.; 350 m.

Zufahrt: Wie bei b) zur Sandbucht Herrevika.

Wegverlauf: An Baum neben Sandbucht Hinweistafel „Herøyvatnet, 150 m" (sichtbar nur bei Anfahrt von Tysnes). Von Bucht li. (W) markiertem Steig in Sattel (150 m) folgen, unter dem See Herøyvatnetr liegt ($^1/_2$ Std.). Vom Sattel in $^1/_2$ Std. weglos über breiten Rücken li. (S) zur Korsnesheia (332 m).

Variante: Tysnes – Moldvika: *Leichte Wanderung; 1 Std.; 160 Hm; Karten: 1231 I Lødingen, 1231 II Ulsvåg.*

Zufahrt: Wie bei b) zur Bucht Herrevika und weiter nach Tysnes zum Straßenende.

Wegverlauf: Vom letzten Haus in Tysnes (3 m) Saumpfad südl. zum Sattel unter Tysnesheia (149 m) hinauf und zu den wenigen Häusern von Moldvika (5 m, 1 Std.) absteigen.

91. Panoramastraße R17

92. Engabreen

a) Engabreen über Holandsfjorden: *Leichte Wanderung;*

$1^1/_4$ Std.; ca. 50 Hm; Karte: 1928 II Svartisen.

Zufahrt: Auf Straße R17 zum S-Portal des 7 km langen Svartisen-Tunnels und ca. 10 km nach Holandsfjord. Hier und in Brasetvik je 1 Anlegestelle des Motorbootes, das Fjord überquert. Abfahrt von Straße R17 deutlich beschildert „Svartisen".

Wegverlauf: Von Bootsanlegestelle bei Svartisen (0 m) breitem Weg, dann Straße zum Gletschersee Engabrevatnet folgen. 1. Teil des Weges kann man am Seeufer gehen, dann muß man Straße benützen. Am See-Ende über glattpolierte, flache Felsen den weißen Pfeilen folgen. Bäche auf 2 Stegen überschreiten und leicht zum Gletscherrand (ca. 50 m, 1¹/₄ Std.).

b) Gletscher über Storglomvatnet: *Leichte Bergtour; 1 Std.; ca. 300 Hm; weglos.*

Zufahrt: Südl. von Glomfjord zweigt zwischen dem S-Portal des Fikan- und N-Portal des Svartisen-Tunnels 6 km lange Kraftwerksstraße ab. Zunächst am Ufer des Sees Fikanvatnet, dann durch Tunnel und bei Straßengabelung re. hinauf und See Holmvatnet entlang zum See-Ende (ca. 530 m).

Wegverlauf: Weglos zum Seeabfluß, diesen (mit Gummistiefeln oder barfuß) durchwaten und zu kleiner Hütte. Hinter Hütte Bergrücken im NO des riesigen Sees Storglomvatnet hinauf (858 m, 1 Std.).

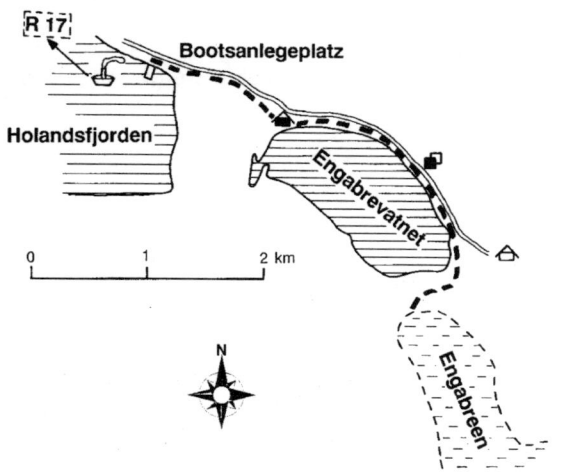

93. Falkflåget

Leichte Wanderung; 1¹/₂ Std.; 190 Hm;
Karte: 2029 III Saltstraumen.

Zufahrt: Auf Straße R17 südöstl. von Bodø über den Saltstraumen und ca. 14 km Richtung Glomfjord. Unmittelbar über dem Wasserfall Valnesfossen führt Holzbrücke li. (O) über Fluß zu kleinem Parkplatz bei einigen Bootshütten am N-Zipfel des Valnesvatnet.

Wegverlauf: Schon vor Holzbrücke Wegweiser „Lurfjellhytta" und rotes T. Bei WC am Parkplatz beginnt markierter Weg am N-Ufer des Sees, vorbei an Bootshütten. Nach letzter Ferienhütte ca. 100 m über See zu Aussichtsplatz aufsteigen (¹/₂ Std.). Wieder hinab zum Seeufer und am Ufer der Bucht Falkflågvika entlang, wo Fußsteig zu Fahrweg wird. Fahrweg über Steilstufe zum See nedre Falkflågvatnet und zum letzten Haus von Falkflåget (1 Std.) folgen. Markierter Weg führt weiter durch das Falkflågdalen und über einen 600 m hohen Sattel in insgesamt 9 Std. zur unbewirtschafteten Lurfjellhytta (nur für geübte Bergwanderer, bis Hochsommer Schneefelder).

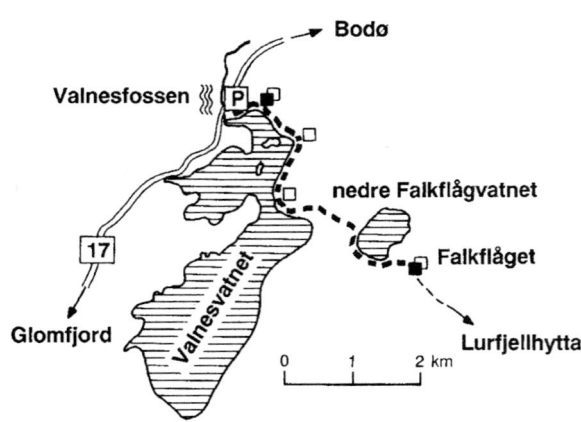

94. Kautokeino

a) Ostern in Kautokeino: Schiwandern; *Karte: 1833 II Kautokeino.*

Zufahrt: Von der E6 in Alta auf der Straße Nr. 39 nach Kautokeino (ca. 305 m).

Wegverlauf: Schiwandern in alle Himmelsrichtungen.

b) Alta-Canyon: *Leichte Bergtour; 2$^1/_2$ Std.; ca. 100 Hm; Karte: 1934 IV Gargia.*

Zufahrt: Von der E6 in Alta auf Straße Nr. 93 Richtung Kautokeino, zur Gargia-Fjellstue abzweigen und noch 4,5 km bis Parkplatz.

Wegverlauf: Vom Parkplatz (ca. 410 m) zunächst zum Abfluß eines Sees aufsteigen (ca. 450 m, $^1/_2$ Std.). Leicht absteigend zu Weggabelung: li. zu Angelplatz am Fluß Altelva, geradeaus einige Bäche querend (Frühsommer Schneebrücken, Herbst oft trocken) zum Aussichtsplatz (ca. 330 m) über dem Alta-Canyon; Steig spärlich mit roten Farbtupfern markiert, aber gut erkennbar; einige Watstellen, 2$^1/_2$ Std. (von der Fjellstue 1 Std. länger).

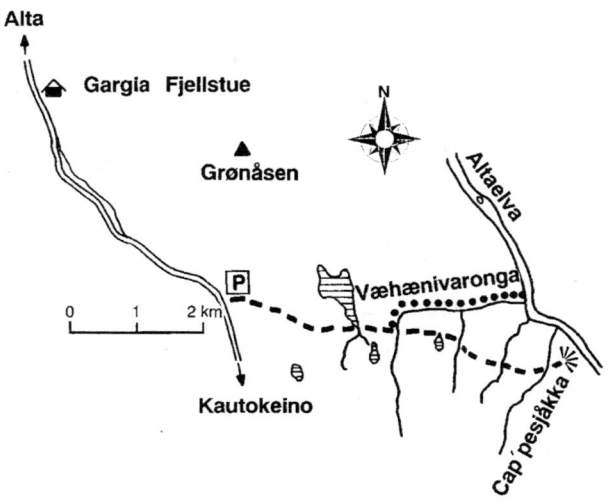

Tips für Radfahrer –
an E6 und R17 nördlich von Mo i Rana

Durch das urige Røvassdalen erreicht man von der E6 den Svartis-vatnet (s. Tour Nr. 86). Sehr lohnend ist eine Fahrt am Tysfjorden von Bognes an E6 über Kosnes nach Tysnes (s. Tour Nr. 90).

Sowohl die eher verkehrsarme, landschaftlich großartige Straße R17 als auch die einsamen Nebenstraßen, die von ihr auf die zahl-reichen Halbinseln und Inseln abzweigen, bieten ideale Radtouren. Am Glomfjorden gibt es neben der R17 von Reipa nach Glomfjord einen Radweg.

95. Lofoten – Allgemeines

96. Kolfjellet

Leichte Wanderung; 1 Std.; 310 Hm; Karte: 1830 I Lofotodden.

Zufahrt: Auf Straße E10 zum Ort Sørvågen auf der Lofoteninsel Moskenesøya. Von NO kommend durch den langgezogenen Ort, vorbei an dem re. (N) der Straße liegenden See Sørvågvatnet, fast bis Ortsende fahren. Unmittelbar vor Schild für Bushaltestelle, re. (N) auf Straße abzweigen. Kurz geradeaus, bis Straße auf kleinem Platz endet (li. hinauf zweigt Straße zu einigen Häusern ab).

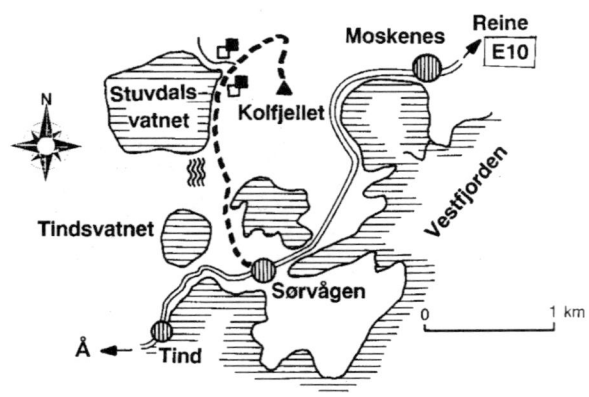

84

Wegverlauf: Direkt an Straßengabelung an einem Strommast Wegweiser „Kolfjellet". Erst einfachen, dann Doppelstrommasten gegen N über flache Felsplatten folgen. Re. Kolfjellet sichtbar. Ansteigen zum See Stuvdalsvatnet (80 m, $^1/_4$ Std.). Auf breitem Weg am O-Ufer entlang zu einigen Ferienhütten, bis Wegweiser „Kolfjellet" re. (NO) hinaufweist. Mit Steinmännern gut markiertem Steig aufwärts in Sattel folgen. Hier Wegweiser: geradeaus nach Moskenes; re. (S) über flachen Bergrücken zum breiten Gipfel des Kolfjellet (316 m, 1 Std.). Stellenweise morastig.

97. Reinebringen

Unschwierige Bergtour; 1$^1/_4$ Std.; 440 Hm;
Karte: 1830 I Lofotodden.

Zufahrt: Auf der Lofoteninsel Moskenesøya der Straße E10 in Richtung Å folgen, bis li. Straße zu dem auf einer Halbinsel gelegenen Ort Reine abzweigt. Von hier auf E10 ca. 300 m weiter bis zur ersten meerseitigen Parkbucht knapp vor dem Schild „Sjøhus Reine" (man sieht nur Rückseite).

Wegverlauf: Von Parkbucht (8 m) an der Tafel „Sjøhus Reine" vorbei, noch ca. 150 m auf Straße weitergehen, bis dickes Beton-

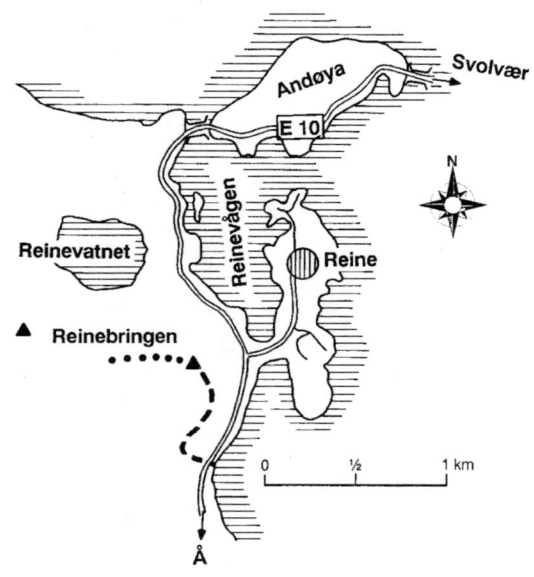

rohr unter Straße durchleitet. Hier beginnt deutlich sichtbarer Steig (Steinmann), der direkt den Berghang (W) hinaufzieht. Durch Strauchwerk und über zwei flache, bei Nässe rutschige Steinplatten zu einer auffallenden 6stämmigen Birke. Hier wendet sich Steig re. (N) und führt in teils schmieriger Rinne eines Rinnsals, immer steiler werdend, durch Wiese und Zwergsträucher aufwärts. Oberer Teil extrem steil, aber gute Trittstufen im grasigen Gelände. Unter dem felsigen Gipfelaufbau gegen NW in kleinen Sattel queren. Re. (O) in Kürze über unschwierige Felsschrofen zum niedrigeren Gipfel des Reinebringen (448 m), der gegen Reine mit senkrechter Felswand abbricht. Li. führt Steig gegen 660 m hohen Hauptgipfel (Teilanstieg lohnend). $1^1/_4$ Std. insgesamt, nicht markiert.

Trittsicherheit und Bergschuhe mit Profilsohle erforderlich. Stöcke sehr zu empfehlen. Bei Nässe sehr rutschig, grasiges, erdiges Gelände bietet kaum festen Griff und Tritt.

98. Solbjørnvatnet

Leichte Wanderung; 1 Std.; 120 Hm;
Karte: 1031 III Moskenesøya.

Zufahrt: Auf Straße E10 zu dem Fischerdorf Mølnarodden auf der Lofoteninsel Moskenesøya.

Wegverlauf: Im winzigen Fischerdorf Mølnarodden (10 m) steht am höchsten Punkt der Straße re. Info-Tafel mit Holzdach. Hier auf

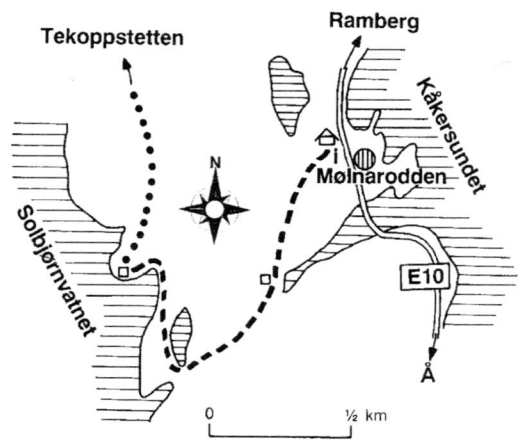

Nebenstraße wenige Meter hinauffahren bis zu kleinem Parkplatz neben weiterer Info-Tafel. Re. neben Tafel beginnt Weg („Naturpfad"). Über flachen Felsrücken (durch Begehung vegetationsloser Streifen) ca. 5 min aufwärts und wieder hinab. Vor sich erblickt man schmalen Fjordarm, der sich in engem, schluchtartigem Tal fortsetzt; durch dieses führt der unmarkierte Weg. Zunächst vorbei an kleinem Kraftwerk; möglichst an Geländekante unter Kraftwerk queren, wo Wiese am trockensten. Weiter zur Schlucht, durch die ein Wasserrohr leitet. Neben Rohr im Schluchtgrund aufwärts (Strudeltopf!).

Erreicht kleine Mauer eines Stausees, in dem das Wasserrohr verschwindet, und gleich darauf ca. 8 m hohe Staumauer des Solbjørnvatnet. Staudamm rechts haltend hinaufsteigen. Sobald Dammkrone erreicht, scharf re. (nicht Strommasten folgen) und auf felsigem Rücken, der den kleinen See mit Wasserrohr westl. begrenzt, weiter. Am O-Ufer des Solbjørnvatnet (81 m) zu winziger Holzhütte am See ($^3/_4$ Std.) und $^1/_4$ Std. weglos auf Fjellrücken hinter der Hütte.

99. Moskenesøya – Traumstrände

a) Kvalvika: *Leichte Wanderung; 1$^3/_4$ Std.; 100 Hm; Karte: 1031 III Moskenesøya.*

Zufahrt: Von Finnbyen an E10 südl. von Ramberg auf der Lofoteninsel Flakstadøya über 2 Bogenbrücken nach Fredvang. Ca. 6 km den Selfjorden entlang südl. zu Straßenkreuzung: Li. nach Krystad; wir fahren re. (SW) 1,2 km nach Marka (einige Häuser, kein Ortsschild). An Straße li. Wegweiser „Gamelts" und aufgelassenes Schulgebäude, weiß mit blauen Fensterrahmen. Davor kleiner Parkplatz (10 m). Kurz darauf re. vor Brücke über Bach hölzerner Wegweiser „Kvalvika".

Wegverlauf: Gegen N das breite Tal aufwärts; nur wenige Steinmänner an markanten Punkten, Steig meist gut zu sehen. Leicht ansteigend durch das moorige Tal, vorbei an kleinem See zum großen See Markavatnet (24 m). Am O-Ufer des Sees entlang und zu kleiner Steinhütte auf Almwiese. Durch das jetzt fast schluchtartige Tal am O-Ufer des Sees Ågotvatnet zur Wasserscheide (100 m, 1$^1/_4$ Std.).

Abwärts zum See Kvalvikvatnet zur Nordmeerküste ($^1/_4$ Std.) und Küste gegen NO zur großen Sandbucht Kvalvika folgen. Berg Ryten unschwierig, aber weglos von hier ersteigbar (1$^1/_2$ Std.).

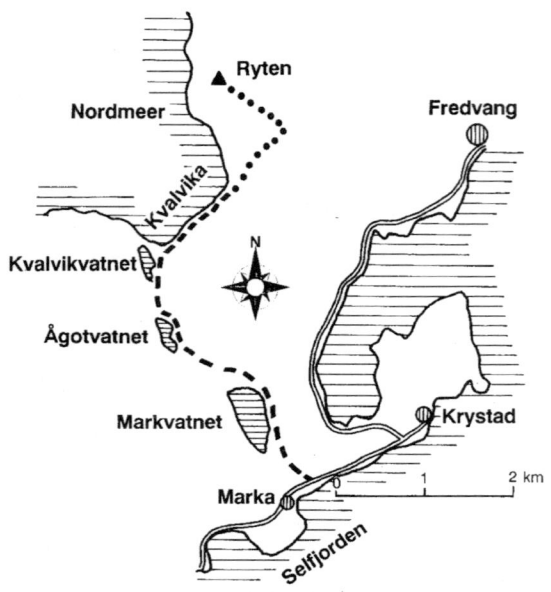

b) Mulstøa: *Leichte Wanderung; $^{1}/_{2}$ Std.; 20 Hm;*
Karte: 1031 III Moskenesøya.

Zufahrt: Wie bei Tour a) nach Fredvang und 2,3 km nördl. nach
Ytresand und zum Wendeplatz am Straßenende.

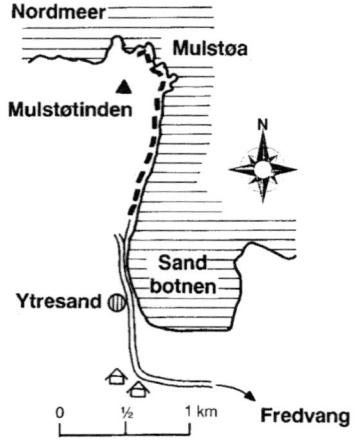

Wegverlauf: Am Wendeplatz (ca. 5 m) Wegweiser „Mulstøa". Der Straße, die zu oberhalb liegender Schottergrube führt, wenige Meter folgen, dann re. auf Fahrweg abzweigen und an Küste zu letzter Fischerhütte. Kleinem Steig auf altem, verwachsenem Fahrweg direkt an Küste folgen. Am NO-Zipfel der Insel ca. 20 Hm ansteigen und hinab zu winziger Sandbucht bei Fischerhütte.

100. Mosestinden

Leichte Bergtour; 2 Std.; 770 Hm; Karte: 1031 II Leknes.

Zufahrt: Von E10 auf Lofoteninsel Flakstadøya zum Fischerdorf Nusfjord. Vom Zentrum des Fischerdorfes Schotterstraße $^1/_2$ km Küste entlang, steil bergauf und bergab, zu kleinem Parkplatz neben aufgelassenem Schulgebäude und Privathaus folgen.

Wegverlauf: Vom Parkplatz Fahrweg einige min gegen S zum Meer folgen, bis Schild „Mosestinden, Nesland" re. (W) hinaufweist. Nach 10 min Weggabelung: li. „Nesland", re. „Mosestinden", unser Weg. Kurz darauf erreicht man alte Wegkreuzung, wo der direkt vom Schulgebäude und Parkplatz heraufziehende, heute mit Latten vernagelte, alte Weg heraufkommt. Bergrücken gegen W (Steinmänner und einige rote „T") folgen, bis glattgeschliffener Felsbuckel Weg versperrt. Unter dem Felsbuckel li. (SW) und meerseitig auf schmalem Schuttsteiglein unter plattigen Felswänden queren. Zuletzt über einige Felsplatten unschwierig aufsteigen.

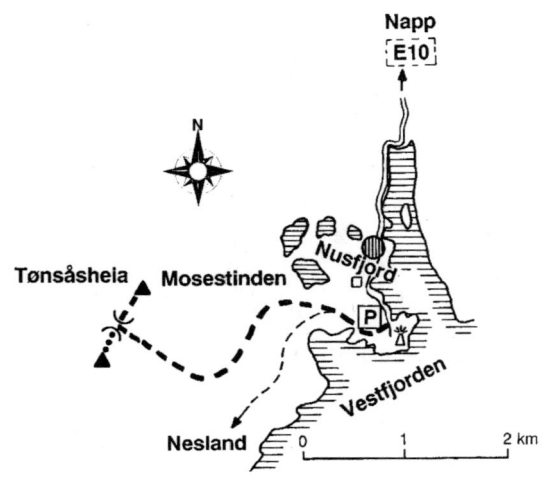

Wenige Meter in Scharte mit riesigen Felstrümmern absteigen. Begrünten Rücken (W) hinauf zum Sattel des breiten Rückens, der vom Mosestinden fast eben gegen das Meer zieht (ca. 400 m, 1 Std.), folgen (einzelne Steinmänner). Im Sattel scharf re. (N) wenden und breiten Rücken gegen Mosestinden hinauf zur weiten Hochfläche der Tønsåsheia und kleinem felsigen Gipfel (769 m, 1 Std.). Ein kurzer Abstecher vom Sattel südl. zur Abbruchkante über dem Meer (Variante) ist lohnend.

101. Flakstad-Pfad

Gesamte Begehung des Flakstad-Pfades ist nur geübten Bergwanderern zu empfehlen; 23 km, ca. 9 Std., u. U. Bäche zu durchwaten. Folgende Teilstrecken sind leichte Wanderungen:

a) Nusfjord – Nesland: *Leichte Wanderung; $1^1/_2$ Std.; ca. 220 Hm; Karte: 1031 II Leknes.*

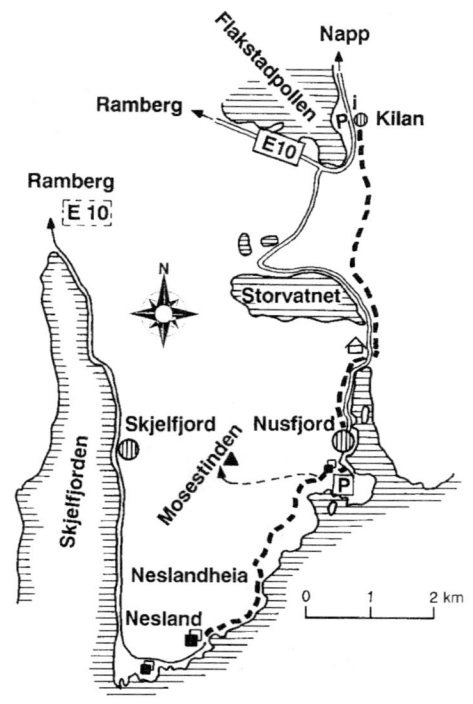

Zufahrt und erster Teil des Weges (10 min): wie bei Tour Nr. 100.

Wegverlauf: Bei Wegkreuzung Wegweiser „Nesland" folgen. Zunächst leicht ansteigend parallel zur Küste steile schottrige Rinne hinauf (ca. 120 m), einige rote „T" und Steinmänner. Im Zickzack über Schuttbänder hinunter in Wiesenmulde. Auf- und absteigend, eine schräge Felsplatte querend, hinunter zur Küste (ca. 1 Std.). Kurz ansteigend, dann fast eben über dem Meer auf gutem Weg zum Fischerdorf Nesland ($^1/_2$ Std.).

b) Nusfjord – Kilan: *Leichte Wanderung; 2 Std.; 140 Hm; Karte: 1031 II Leknes.*

Zufahrt: Wie bei Tour Nr. 100 nach Nusfjord.

Wegverlauf: Von Nusfjord 2,3 km Straße nach N bis hinter Lachszuchtfarm folgen, wo re. (O), beschildert „Kilan, Napp", Weg abzweigt. Leicht ansteigend zum Rücken, der vom Fisken herunterzieht. Jenseits absteigend, durch Birkengehölz zu Parkplatz an E10 mit Info-Tafel bei Kilan.

c) Napp – Andopen: *Leichte Wanderung; 1$^1/_2$ Std.; ca. 30 Hm; Karte: 1031 II Leknes.*

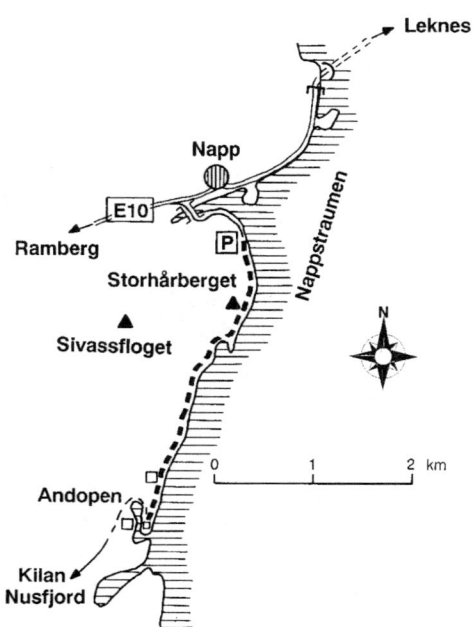

Zufahrt: Auf E10 durch Nappstraumen-Tunnel nach Napp auf Lofoteninsel Flakstadøya. In Napp von E10 südl. abzweigen, auf Damm Fjordende überqueren und kurz Nappstraumen entlang fahren bis Straßenende.

Wegverlauf: Gegenüber Mole bei kleinem Steg über Felsgraben, Hinweisschild „Kilan, Nusfjord" und Informationstafel über „flakstadstien", auch in deutsch. Weg an Küste des Nappstraumen gegen S folgen. Fast eben, teils markiert, zu verlassener Siedlung Andopen mit kleiner Sandbucht (1$^1/_2$ Std.).

Weiterer Weg nach Kilan führt der Küste entlang bis zur Meeresbucht Nordsundet (gegenüber der Insel Straumøya), zieht gegen NW vorbei am See Straumsøyvatnet und wendet sich westl. hinab nach Kilan (ca. 4 Std.).

102. Eggum

Leichte Wanderung; 2$^1/_4$ Std.; ca. 60 Hm;
Karte: 1031 I Eggum.

Zufahrt: Auf Straße E10 auf die Lofoteninsel Vestvågøy und ca. 2 km östl. von Borge nach Eggum und weiter 1 km auf Fahrweg Küste entlang zum Turm Tøan.

Wegverlauf: Von Tøan der Nordmeerküste auf T-markiertem Weg (erst Fahrweg, dann Steig) gegen W folgen. Man passiert kleinen See, dann großen See nedre Heimdalsvatnet und Utdalsvatnet. Über Wiese steil aufwärts zum Leuchtturm unter Kleivheia

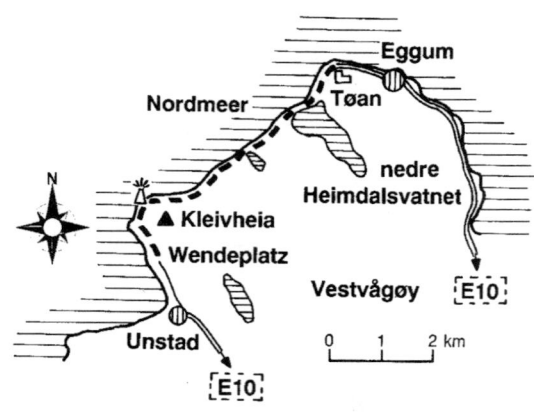

($1^1/_4$ Std.). Kleivheia wird in ca. 60 m Höhe umrundet. Abbruch gegen das Meer mit Ketten gesichert. Absteigend erreicht man Fahrweg und trifft bei Wendeplatz auf Straße, die in $^1/_4$ Std. nach Unstad führt. (Insgesamt ca. $2^1/_4$ Std.; einmal tägl. Busverbindung Unstad – Eggum.)

Tips für Radfahrer – Lofoten

Die Straße E10 über die Lofoteninseln Flakstadøya und Moskenesøya von Napp bis Å, eine der landschaftlich schönsten Strecken, hat in der Hauptsaison regen Touristenverkehr. Wenig Verkehr haben die Nebenstraßen (meist Naturstraßen), die von der E10 abzweigen, z. B. nach Nesland oder Nusfjord (vgl. Touren Nr. 100 u. 101a) und zum Selfjord (s. Tour Nr. 99a). Von der Lofoteninsel Vestvågøy kann man die kleine Insel Gimsøya und die Halbinsel bei Høønes, die ins Nordmeer ragen, umrunden. Bei Kabelvag gibt es Radwege.

Register

Symbole der Tourenskizzen

═══════	Straße
───────	Schmale Straße, Fahrweg, Fluß
─┬─ ─╪─	Mautstraße
─╫─	Für öffentlichen Verkehr gesperrte Straße
)□□□□(	Straßentunnel
E6	Straßennummer
27	Zufahrt zu Straße Nr. 27
─ ─ ─ ─	Weg der vorgeschlagenen Tour
• • • • • •	Wegvariante
─ ─ ─ ─ ─	Weg, Steig
⊐⊏	Brücke
⬤	Ort
⬠	Touristenhütte, Berggasthof
⬠	Touristenhütte mit Selbstbedienung
⬠	Touristenhütte ohne Proviant, Haus
□	Ferienhütte, kleines Haus
▪	Ferienhütten, einzelne Häuser
θ	Alm, Seter
△	Campingplatz
⌷	Sehenswürdigkeit
Δ	Gedenkstein
⚲	Leuchtturm
✕	Bergwerk
P	Parkplatz
⛵	Motorboot, Linienverkehr
▽	Ruderboot zum Übersetzen
i	Informationstafel
⚘	Alpinum
▲▲▲	Schlucht
▲	Berggipfel
∈	Aussichtspunkt
⌇⌇⌇	Wasserfall
⬭	See
⟋	Küste
⋯	Gletscher
°°°	Toteislöcher